Le Théâtre

REGNARD

LES FOLIES

AMOUREUSES

COMÉDIE EN TROIS ACTES

Précédée d'un PROLOGUE

REPRÉSENTÉE POUR LA PREMIÈRE FOIS A PARIS EN

1704

SUIVIE DU

MARIAGE DE LA FOLIE

DIVERTISSEMENT

LES SOUHAITS

NOUVELLE ÉDITION

PUBLIÉE

fondateur Collection — *100 Bons Livres 10c*

PARIS

DÉPARTEMENTS, ÉTRANGER,

CHEZ TOUS LES LIBRAIRES

Y+

1878

20 c. — THÉATRE — 20 c.

CHEZ TOUS LES LIBRAIRES

JANVIER 1878

Beaumarchais
1 *Barbier Séville*, et Musique
2 *Mariage Figaro*, et Musique
3 *La Mère coupable*

Brueys
4 *Avocat Patelin* et le *Grondeur*

Desforges, — Baron
5 *Le Sourd.- Bonnes fortunes*

Le Sage
6 *Turcaret, — Crispin rival*

THÉATRE D'ÉDUCATION
de Florian et de Berquin.

7-8 FLORIAN, HUIT comédies.
9-10 BERQUIN, DIX comédies.

Collin-d'Harleville
11 *Mr de Crac, — l'Inconstant*
12 *L'Optimiste*
13 *Châteaux en Espagne*
14 *Le Vieux Célibataire*
15 *La Famille bretonne*
16 *Vieillard et Jeunes Gens*
17 *Malice pour Malice*

Marivaux
18 { *Les Fausses Confidences* / *L'Ecole des Mères* }
19 { *Jeu de l'Amour et Hazard* / *L'Épreuve nouvelle* }
20 *Legs, - Préjugé, -Arlequin*
21 *Surprise, — la Méprise*
22 *2º Surprise, — les Sincères*
23 *L'Inconstance, — Amours*

Pergolèse, et Musique
24 *Servante* et STABAT MATER

Rousseau
25 *Devin* et *onze Romances*, piano

FÉVRIER 1878

Regnard
26 *Le Joueur*
27 *Le Légataire et Critique*
28 *Le Distrait, — Amadis*
29 { *Attendez-moi, — Coquette* / *Le Marchand ridicule* }
30 { *Retour, — Sérénade* / *Bourgeois de Falaise (Bal)* }
31 { *Arlequin à bonnes fortunes* / *Critique de l'Arlequin* / *Les Vendanges* / *La Descente aux Enfers* }
32 *Carnaval - Orfeo, - Divorce*
33 { *Folies amoureuses,* / *Mariage Folie, — Souhaits* }
34 *Foire St-Germain et Suite*
35 *Les Ménechmes*

Scarron
36 *Jodelet — Japhet*

Dufresny
37 *Coquette,—Dédit,—Esprit*
38 *Le Mariage — le Veuvage*

Carmontelle
39 à 42 Vingt-cinq **Proverbes**

Gresset
43 *Le Méchant*

Destouches
44 *Le Philosophe marié*
45 *Le Glorieux*
46 { *La Fausse Agnès* / *Le Triple Mariage* }
47 *Le Curieux, — L'Ingrat*
48 *Le Dissipateur*
49 *Le Médisant, — l'Irrésolu*
50 *Le Tambour nocturne*

REGNARD

LES FOLIES

AMOUREUSES

COMÉDIE EN TROIS ACTES

Précédée d'un PROLOGUE

REPRÉSENTÉE POUR LA PREMIÈRE FOIS A PARIS EN

1704

SUIVIE DU

MARIAGE DE LA FOLIE

DIVERTISSEMENT

LES SOUHAITS

NOUVELLE ÉDITION

PUBLIÉE

PARIS

DÉPARTEMENTS, ÉTRANGER,

CHEZ TOUS LES LIBRAIRES

1878

LES
FOLIES AMOUREUSES

PERSONNAGES

ALBERT, jaloux et tuteur d'Agathe.

ÉRASTE, amant d'Agathe.

AGATHE, amante d'Éraste.

LISETTE, servante de M. Albert

CRISPIN, valet d'Éraste.

(La scène est dans une avenue, devant le château d'Albert.)

ACTE PREMIER

SCÈNE I
AGATHE, LISETTE.

LISETTE.
Lorsqu'en un plein repos chacun encor sommeille,
Quel démon, s'il vous plaît, vous tire par l'oreille,
Et vous fait hasarder de sortir si matin ?

AGATHE.
Paix, tais-toi, parle bas ; tu sauras mon dessein.
Éraste est de retour.

LISETTE.
Éraste ?

AGATHE.
D'Italie.

LISETTE.
D'où savez-vous cela, madame, je vous prie ?

AGATHE.

J'ai cru le voir hier paraître dans ces lieux ;
Et j'en crois plus mon cœur encore que mes yeux.

LISETTE.

Je ne m'étonne plus que votre diligence
Ait du seigneur Albert trompé la vigilance.
Par ma foi, c'est un guide excellent que l'amour !

AGATHE.

J'étais à ma fenêtre, en attendant le jour,
Quand quelqu'un est sorti : voyant la porte ouverte,
J'ai saisi promptement l'occasion offerte,
Tant pour prendre le frais que pour flatter l'espoir
Qui pourrait attirer Eraste pour me voir.

LISETTE.

Vous n'avez pas envie, à ce qu'on peut comprendre,
Que le pauvre garçon s'enrhume à vous attendre.
Il arrive le soir ; et vous, au point du jour,
Vous l'attendez ici pour flatter son amour :
C'est perdre peu de temps. Mais si, par aventure,
Albert, votre tuteur, jaloux de sa nature,
Vient à nous rencontrer, que dira-t-il de nous ?

AGATHE.

Je me veux affranchir du pouvoir d'un jaloux :
J'ai trop longtemps langui sous son cruel empire :
Jo lève enfin le masque ; et, quoi qu'il puisse dire,
Je veux, sans nul égard, lui montrer désormais
Comme je prétends vivre, et combien je le hais.

LISETTE.

Que le ciel vous maintienne en ce dessein louable !
Pour moi, j'aimerais mieux cent fois servir le diable.
Oui, le diable : du moins, quand il tiendrait sabbat,
J'aurais quelque repos. Mais, dans mon triste état,
Soir, matin, jour ou nuit, je n'ai ni paix ni trêve :
Si cela dure encore, il faudra que je crève.
Tant que le jour est long, il gronde entre ses dents :
« Fais ceci, fais cela ; va, viens ; monte, descends ;
« Fais bien la guerre à l'œil ; ferme porte et fenêtre ;
« Avertis, si de loin tu vois quelqu'un paraître. »
Il s'arrête, il s'agite, il court sans savoir où ;

Toute la nuit il rôde ainsi qu'un loup-garou ;
Il ne nous permet pas de fermer la prunelle ;
Lui, quand il dort d'un œil, l'autre fait sentinelle ;
Il n'a ri de sa vie ; il est jaloux, fâcheux,
Brutal à toute outrance, avare, dur, hargneux.
J'aimerais mieux chercher mon pain de porte en porte,
Que servir plus longtemps un maître de la sorte.

AGATHE.

Lisette, tous nos maux vont finir désormais.
Qu'Eraste est différent du portrait que tu fais !
Dès mes plus tendres ans chez sa mère nourrie,
Nos cœurs se sont trouvés liés de sympathie ;
Et l'amour acheva, par des nœuds plus charmants
De nous unir encor par ses engagements.
Plutôt que de souffrir la contrainte effroyable
Qui depuis quelque temps et me gêne et m'accable,
Je serais fille à prendre un parti violent ;
Et, sous un habit d'homme, en chevalier errant,
Pour m'affranchir d'Albert et de ses lois si dures,
J'irais par le pays chercher des aventures.

LISETTE.

Oh ! sans aller si loin, ici, quand vous voudrez,
Je vous suis caution que vous en trouverez.

AGATHE.

Tu ne sais pas encore quel est mon caractère,
Quand on m'impose un joug à mon humeur contraire.
J'ai vécu dans le monde au milieu des plaisirs ;
La contrainte où je suis irrite mes désirs.
Présentement qu'Eraste à m'épouser s'apprête,
Mille vivacités me passent par la tête.
J'ai du cœur, de l'esprit, du sens, de la raison ;
Et tu verras dans peu des traits de ma façon.
Mais comment du château la porte est-elle ouverte ?

LISETTE.

Bon ! votre vieux Cerbère est à la découverte ;
Faut-il le demander ? Il rôde dans les champs :
Il fait toute la nuit sentinelle en dedans,
Et sur le point du jour il va battre l'estrade.

S'il pouvait, par bonheur, choir en quelque embuscade,
Et que des égrillards, avec de bons bâtons...
Mais paix ; j'entends du bruit ; quelqu'un vient : écoutons.

SCÈNE II.

ALBERT, AGATHE, LISETTE.

ALBERT, à part.

J'ai fait dans mon château, toute la nuit, la ronde,
Et dans un plein repos j'ai trouvé tout le monde.
Pour mieux des ennemis rendre vains les efforts,
J'ai voulu même encor m'assurer des dehors.
Grâce au ciel, tout va bien. Une terreur secrète,
En dépit de mes soins, cependant m'inquiète.
Je vis hier rôder un certain curieux,
Qui de loin, ce me semble, examinait ces lieux.
Depuis plus de six mois ma lâche complaisance
Met à chaque moment en défaut ma prudence ;
Et, pour laisser Agathe à l'aise respirer,
Je n'ai, par bonté d'âme, encor rien fait murer.
Ce n'est point par douceur qu'on rend sages les filles ;
Je veux, du haut en bas, faire attacher des grilles,
Et que de bons barreaux, larges comme la main,
Puissent servir d'obstacle à tout effort humain.
Mais j'entends quelque bruit ; et, dans le crépuscule,
J'entrevois quelque objet qui marche et qui recule.
Approchons. Qui va là ? Personne ne répond
Ce silence affecté ne me dit rien de bon.

LISETTE, bas.

Je tremble.

ALBERT.

C'est Lisette : Agathe est avec elle.

AGATHE.

Est-ce donc vous, monsieur, qui faites sentinelle ?

ALBERT.

Oui, oui, c'est moi, c'est moi. Mais, à l'heure qu'il est,
Que venez-vous chercher en ce lieu, s'il vous plaît ?

AGATHE.

De dormir ce matin n'ayant aucune envie,
Lisette et moi, monsieur, nous avons fait partie
D'être devant le jour sous ces arbres épais,
Pour voir naître l'aurore et respirer le frais.

LISETTE.

Oui.

ALBERT.

Respirer le frais et voir l'aurore naître,
Tout cela se pouvait faire à votre fenêtre.
Ici, pour me trahir, vous êtes de complot.

LISETTE, à part.

Que ce serait bien fait !

ALBERT, à Lisette.

Que dis-tu ?

LISETTE.

Pas le mot.

ALBERT.

Des filles sans intrigue, et qui sont retenues,
Sont, à l'heure qu'il est, dans leur lit étendues,
Dorment tranquillement, et ne vont point sitôt
Prendre dans une cour ni le froid ni le chaud.

LISETTE, à Albert.

Et comment, s'il vous plaît, voulez-vous qu'on repose ?
Chez vous, toute la nuit, on n'entend d'autre chose
Qu'aller, venir, monter, fermer, descendre, ouvrir,
Crier, tousser, cracher, éternuer, courir.
Lorsque, par grand hasard, quelquefois je sommeille,
Un bruit affreux de clefs en sursaut me réveille.
Je veux me rendormir, mais point : un juif errant,
Qui fait du mal d'autrui son plaisir le plus grand,
Un lutin, que l'enfer a vomi sur la terre
Pour faire aux gens dormants une éternelle guerre,
Commence son vacarme, et nous lutine tous.

ALBERT.

Et quel est ce lutin et ce juif errant ?

LISETTE.

Vous.

ALBERT.

Moi ?

LISETTE.

Oui, vous. Je croyais que ces brusques manières
Venaient de quelque esprit qui voulait des prières ;
Et, pour mieux m'éclaircir, dans ce fâcheux état,
Si c'était âme ou corps qui faisait ce sabbat,
Je mis, un certain soir, à travers la montée,
Une corde aux deux bouts fortement arrêtée :
Cela fit tout l'effet que j'avais espéré.
Sitôt que pour dormir chacun fut retiré,
En personne d'esprit, sans bruit et sans chandelle
J'allai dans certain coin me mettre en sentinelle :
Je n'y fus pas longtemps, qu'aussitôt, patatras !
Avec un fort grand bruit, voilà l'esprit à bas :
Ses deux jambes à faux dans la corde arrêtées
Lui font, avec le nez, mesurer les montées.
Soudain j'entends crier : A l'aide ! je suis mort !
A ces cris redoublés, et dont je riais fort,
J'accours, et je vous vois étendu sur la place,
Avec une apostrophe au milieu de la face ;
Et votre nez cassé me fit voir par écrit
Que vous étiez un corps et non pas un esprit.

ALBERT.

Ah ! malheureuse engeance ! apanage du diable !
C'est toi qui m'as joué ce tour abominable :
Tu voulais me tuer avec ce trait maudit ?

LISETTE.

Non, c'était seulement pour attraper l'esprit.

ALBERT.

Je ne sais maintenant qui retient mon courage,
Que de vingt coups de poing au milieu du visage...

AGATHE, le retenant.

Eh ! monsieur, doucement.

ALBERT, à Agathe.

Vous pourriez bien ici,
Vous, la belle, attraper quelque gourmade aussi.
Taisez-vous, s'il vous plaît.

(A part.)
Pour punir son audace,
Il faut que de chez moi sur-le-champ je la chasse.
(A Lisette.)
Qu'on sorte de ce pas.

LISETTE, feignant de pleurer.
Juste ciel ! quel arrêt !
Monsieur...

ALBERT.
Non ; dénichons au plus tôt, s'il vous plaît.

LISETTE, riant.
Ah ! par ma foi, monsieur, vous nous la donnez bonne,
De croire qu'en quittant votre triste personne
Le moindre déplaisir puisse saisir mon cœur !
Un écolier qui sort d'avec son précepteur ;
Une fille longtemps au célibat liée,
Qui quitte ses parents pour être mariée ;
Un esclave qui sort des mains des mécréants ;
Un vieux forçat qui rompt sa chaîne après trente ans ;
Un héritier qui voit un oncle rendre l'âme ;
Un époux, quand il suit le convoi de sa femme ;
N'ont pas le demi-quart tant de plaisir que j'ai
En recevant de vous ce bienheureux congé.

ALBERT.
De sortir de chez moi tu peux être ravie ?

LISETTE.
C'est le plus grand plaisir que j'aurai de ma vie.

ALBERT.
Oui ! Puisqu'il est ainsi, je change de désir,
Et je ne prétends pas te donner ce plaisir :
Tu resteras ici, pour faire pénitence.
(A Agathe.)
Et vous, sans raisonner, rentrez en diligence.
(Agathe rentre en faisant la révérence, Lisette en fait autant ; Albert
la retient, et continue.)
Demeure, toi : je veux te parler sans témoins.

SCÈNE III.

ALBERT, LISETTE.

ALBERT, à part.

Il faut l'amadouer, j'ai besoin de ses soins.
(Haut.)
Allons, faisons la paix, vivons d'intelligence ;
Je t'aime dans le fond, et plus que l'on ne pense.

LISETTE.

Et je vous aime aussi plus que vous ne pensez.

ALBERT.

Un bel amour, vraiment, à me casser le nez !
Mais je pardonne tout, et te donne promesses
Que tu ressentiras l'effet de mes largesses,
Si tu veux me servir dans une occasion.

LISETTE.

Voyons. De quel service est-il donc question ?

ALBERT.

Tu sais depuis longtemps que sur le fait d'Agathe
J'ai, comme on doit avoir, l'âme un peu délicate.
La donzelle bientôt prendrait le mors aux dents,
Sans la précaution que près d'elle je prends.
Chez la dame du bourg jusqu'à quinze ans nourrie,
Toujours dans le grand monde elle a passé sa vie :
Cette dame étant morte, un parent me pria
D'en vouloir prendre soin, et me la confia.
L'amour, depuis ce temps, s'est glissé dans mon âme,
Et j'ai quelque dessein d'en faire un jour ma femme.

LISETTE.

Votre femme ? fi donc !

ALBERT.

Qu'entends-tu par ce ton ?

LISETTE.

Fi ! vous dis-je.

ALBERT.

Comment ?

LISETTE.

Eh ! fi ! fi ! vous dit-on.

Vous avez trop d'esprit pour faire une sottise ;
Et j'en appellerais à votre barbe grise.

ALBERT.

Je n'ai point eu d'enfants de mon hymen passé ;
Et je veux achever ce que j'ai commencé,
Faire des héritiers, dont l'heureuse naissance
De mes collatéraux détruise l'espérance.

LISETTE.

Ma foi, faites, monsieur, tout ce qu'il vous plaira,
Jamais postérité de vous ne sortira :
C'est moi qui vous le dis.

ALBERT.

Et pourquoi donc ?

LISETTE.

Que sais-je ?

ALBERT.

Qui t'a de deviner donné le privilége ?
Dis donc, parle, réponds.

LISETTE.

Mon Dieu, je ne dis rien :
Sans dire la raison, vous la devinez bien.
Je m'entends, il suffit.

ALBERT.

Ne te mets point en peine :
Ce sera mon affaire, et point du tout la tienne.

LISETTE.

Ah ! vous avez raison.

ALBERT.

Tu sais bien qu'ici-bas
Sans trouver quelque embûche on ne peut faire un pas.
Des piéges qu'on me tend mon âme est alarmée.
Je tiens une brebis avec soin enfermée :
Mais des loups ravissants rôdent pour l'enlever.
Contre leur dent cruelle il la faut conserver :
Et, pour ne craindre rien de leur noire furie,
Je veux de toutes parts fermer la bergerie,
Faire avec soin griller mon château tout autour,
Et ne laisser partout qu'un peu d'entrée au jour.

J'ai besoin de tes soins en cette conjoncture,
Pour faire, à mon désir, attacher la clôture.

LISETTE.

Qui ? moi !

ALBERT.

Je ne veux pas que cette invention
Paraisse être l'effet de ma précaution.
Agathe, avec raison, pourrait être alarmée
De se voir, par mes soins, de la sorte enfermée ;
Cela pourrait causer du refroidissement :
Mais, en fille d'esprit, il faut adroitement
Lui dorer la pilule, et lui faire comprendre
Que tout ce qu'on en fait n'est que pour se défendre,
Et que, la nuit passée, un nombre de bandits
N'a laissé que les murs dans le prochain logis.

LISETTE.

Mais croyez-vous, monsieur, avec ce stratagème,
Et bien d'autres encore dont vous usez de même,
Vous faire bien aimer de l'objet de vos vœux ?

ALBERT.

Ce n'est pas ton affaire ; il suffit, je le veux.

LISETTE.

Allez, vous êtes fou de vouloir, à votre âge,
Pour la seconde fois tâter du mariage ;
Plus fou d'être amoureux d'un objet de quinze ans,
Encor plus fou d'oser la griller là-dedans.
Ainsi, dans ce dessein, funeste en conséquences,
Je compte la valeur de trois extravagances,
Dont la moindre va droit aux Petites-Maisons.

ALBERT.

Pour me conduire ainsi j'ai de bonnes raisons.

LISETTE.

Pour moi, grâce aux effets de la bonté céleste,
J'ai, jusqu'à présent, eu de la vertu de reste ;
Mais si j'avais amant ou mari de ce goût,
Ils en auraient, parbleu, sur la tête et partout.
Si vous me choisissez pour prendre cette peine,
Je vous le dis tout net, votre espérance est vaine.

Je ne veux point tremper dans vos lâches desseins :
Le cas est trop vilain, je m'en lave les mains.

ALBERT.

Sais-tu qu'après avoir employé la prière,
Je saurai contre toi prendre un parti contraire ?

LISETTE.

Pestez, jurez, criez, mettez-vous en courroux,
Vous m'entendrez toujours vous dire qu'un jaloux
Est un objet affreux à qui l'on fait la guerre,
Qu'on voudrait de bon cœur voir à cent pieds sous
                                                    [terre ;
Qu'il n'est rien plus hideux ; que Satan, Lucifer,
Et tant d'autres messieurs habitants de l'enfer,
Sont des objets plus beaux, plus charmants, plus
                                                    [aimables,
Des bourreaux moins cruels et moins insupportables,
Que certains jaloux, tels qu'on en voit en ce lieu.
Vous m'entendez. J'ai dit. Je me retire. Adieu.

SCÈNE IV.

ALBERT, seul.

Pour me trahir ici tout le monde s'emploie :
On dirait qu'ils n'ont tous pas de plus grande joie.
Lisette ne vaut rien ; mais, de crainte de pis,
Malgré sa brusque humeur, je la garde au logis.
Je ne laisserai pas, quoi qu'on dise et qu'on glose,
D'accomplir le dessein que mon cœur se propose.

SCÈNE V.

ALBERT, CRISPIN.

CRISPIN, à part.

Mon maître, qui m'attend au cabaret prochain,
M'envoie ici devant pour sonder le terrain.
Voilà, je crois, notre homme ; il faut feindre de sorte...

ALBERT.

Que faites-vous ici seul, et devant ma porte ?

CRISPIN.

Bonjour, monsieur.

ALBERT.

Bonjour.

CRISPIN.

Vous portez-vous bien ?

ALBERT.

Oui.

CRISPIN.

En vérité, j'en ai le cœur bien réjoui.

ALBERT.

Content, ou non content, quel sujet vous attire ?
Et quel homme êtes-vous ?

CRISPIN.

J'aurais peine à le dire,
J'ai fait tant de métiers, d'après le naturel,
Que je puis m'appeler un homme universel.
J'ai couru l'univers ; le monde est ma patrie :
Faute de revenu, je vis de l'industrie,
Comme bien d'autres font ; selon l'occasion,
Quelquefois honnête homme, et quelquefois fripon.
J'ai servi volontaire un an dans la marine ;
Et, me sentant le cœur enclin à la rapine,
Après avoir été dix-huit mois flibustier,
Un mien parent me fit apprenti maltôtier.
J'ai porté le mousquet en Flandre, en Allemagne ;
Et j'étais miquelet dans les guerres d'Espagne.

ALBERT.

Voilà bien des métiers !

A part.

Du bas jusques en haut.
Cet homme me paraît avoir l'air d'un maraud.

Haut.

Que faites-vous ici ? parlez.

CRISPIN.

Je me retire.

ALBERT.

Non, non ; il faut parler.

CRISPIN, à part.

Je ne sais que lui dire.

ALBERT.

Vous me portez tout l'air d'être de ces fripons
Qui rôdent pour entrer la nuit dans les maisons.

CRISPIN.

Vous me connaissez mal ; j'ai d'autres soins en tête.
Tandis que le hasard dans ce séjour m'arrête,
Ayant pour bien des maux des secrets merveilleux,
Je m'amuse à chercher des simples dans ces lieux.

ALBERT.

Des simples ?

CRISPIN.

Oui, monsieur, tout le temps de ma vie,
J'ai fait profession d'exercer la chimie.
Tel que vous me voyez, il n'est guère de maux
Où je ne sache mettre un remède à propos :
Pierre, gravelle, toux, vertige, maux de mère ;
On m'a même accusé d'avoir un caractère.
Il ne s'en est fallu qu'un degré de chaleur,
Pour être de mon temps le plus heureux souffleur.

ALBERT.

Cet habit cependant n'est pas de compétence.

CRISPIN.

Vous savez que l'habit ne fait pas la science ;
Et je ne serais pas réduit d'être valet,
Si je n'avais eu bruit avec le Châtelet.
Mais un jour on verra triompher l'innocence.

ALBERT.

Vous avez, dites-vous...

CRISPIN.

Voyez la médisance !
Certain jour, me trouvant le long d'un grand chemin,
Moi troisième, et le jour étant sur son déclin,
En un certain bourbier j'aperçus certain coche :
En homme secourable aussitôt je m'approche ;
Et, pour le soulager du poids qui l'arrêtait,

J'ôtai des magasins les paquets qu'il portait.
On a voulu depuis, pour ce trait charitable,
De ces paquets perdus me rendre responsable :
Le prévôt s'en mêlait; c'est pourquoi mes amis
Me conseillèrent tous de quitter le pays.

ALBERT.

C'est agir prudemment en affaires pareilles.

CRISPIN.

J'arrive de la guerre, où j'ai fait des merveilles.
Les Ardennes m'ont vu soutenir tout le feu,
Et batailler un jour, seul, contre un parti bleu.
J'ai, dans le Milanais, payé de ma personne.
Savez-vous bien, monsieur, que j'étais dans Crémone?

ALBERT.

Je vous crois. Mais, après tous ces exploits fameux,
Que voulez-vous enfin de moi ?

CRISPIN.

Ce que je veux ?

ALBERT.

Oui.

CRISPIN.

Rien. Je crois qu'on peut, quoique l'on en raisonne,
Se promener ici sans offenser personne.

ALBERT.

Oui : mais il ne faut pas trop longtemps y rester.
Serviteur.

CRISPIN.

Serviteur. Avant de nous quitter,
Dites-moi, s'il vous plaît, monsieur, à qui peut être
Le château que voilà ?

ALBERT.

Mais... il est à son maître.

CRISPIN.

C'est parler comme il faut. Vous répondez si bien,
Que l'on ne peut sitôt quitter votre entretien.
Nous devons à la ville aller ce soir au gîte :
Y serons-nous bientôt ?

ALBERT.

Si vous allez bien vite.

CRISPIN, à part.

Cet homme n'aime pas les conversations.

Haut.

Pour finir en un mot toutes mes questions,
Je pars ; et dites-moi quelle heure il pourrait être.

ALBERT.

La demande est plaisante ! A ce qu'on peut connaître,
Vous me croyez ici mis, comme les cadrans,
Pour, du haut d'un clocher, montrer l'heure aux pas-
[sants.
Allez l'apprendre ailleurs ; partez ; je vous conseille
De ne pas plus longtemps étourdir mon oreille.
Votre aspect me fatigue autant que vos discours.
Adieu : bonjour.

SCÈNE VI.

CRISPIN, seul.

Cet homme a bien de l'air d'un ours.
Par ma foi, ce début commence à m'interdire.
Le vieillard me paraît un peu sujet à l'ire ;
Pour en venir à bout, il faudra batailler :
Tant mieux ; c'est où je brille, et j'aime à ferrailler.

SCÈNE VII.

ÉRASTE, CRISPIN.

CRISPIN.

Mais j'aperçois mon maître.

ÉRASTE.

Eh bien ! quelle nouvelle,
Cher Crispin ! Dans ces lieux as-tu vu cette belle ?
As-tu vu ce tuteur ? et vois-tu quelque jour,
Quelque rayon d'espoir, qui flatte mon amour ?

CRISPIN.

A vous dire le vrai, ce n'était pas la peine
De venir de Milan ici tout d'une haleine,

Pour nous en retourner d'abord du même train ;
Vous pouviez m'épargner le travail du chemin.
Ah ! que ce mont Cenis est un pas ridicule !
Vous souvient-il, monsieur, quand ma maudite mule
Me jeta par malice en ce trou si profond ?
Je fus près d'un quart d'heure à rouler jusqu'au fond.

ÉRASTE.

Ne badine donc point ; parle d'autre manière.

CRISPIN.

Puisque vous souhaitez une phrase plus claire,
Je vous dirai, monsieur, que j'ai vu le jaloux,
Qui m'a reçu d'un air qui tient de l'aigre-doux.
Il faudra du canon pour emporter la place.

ÉRASTE.

Nous en viendrons à bout, quoi qu'il dise et qu'il fasse ;
Et je ne prétends point abandonner ces lieux,
Que je ne sois nanti de l'objet de mes vœux.
L'amour, de ce brutal, vaincra la résistance.

CRISPIN.

J'aurais pour le succès assez bonne espérance,
Si de quelque argent frais nous avions le secours :
C'est le nerf de la guerre, ainsi que des amours.

ÉRASTE.

Ne te mets point en peine ; Agathe, en mariage,
A trente mille écus de bon bien en partage.
Quand elle n'aurait rien, je l'aime cent fois mieux
Qu'une autre avec tout l'or qui séduirait tes yeux.
Dès ses plus tendres ans chez ma mère élevée,
Son image en mon cœur est tellement gravée,
Que rien ne pourra plus en effacer les traits.
Nos deux cœurs, qui semblaient l'un pour l'autre être
                                               [faits,
Goûtaient de cet amour l'heureuse intelligence,
Quand ma mère mourut. Dans cette décadence,
Albert, ce vieux jaloux que l'enfer confondra,
Par avis de parents, d'Agathe s'empara.
Je ne le connais point ; et lui, comme je pense,
De moi, ni de mon nom, n'a nulle connaissance.

On m'a dit qu'il était d'un très-fâcheux esprit,
Défiant, dur, brutal.

CRISPIN.

Et l'on vous a bien dit.
Il faut savoir d'abord si dans la forteresse
Nous nous introduirons par force ou par adresse ;
S'il est plus à propos, pour nos desseins conçus,
De faire un siége ouvert, ou former un blocus.

ÉRASTE.

Tu te sers à propos des termes militaires ;
Tu reviens de la guerre.

CRISPIN.

En toutes les affaires,
La tête doit toujours agir avant le bras.
Ce n'est pas d'aujourd'hui que je vois des combats :
J'ai même déserté deux fois dans la milice.
Quand on veut, voyez-vous, qu'un siége réussisse,
Il faut, premièrement, s'emparer des dehors,
Connaître les endroits, les faibles et les forts.
Quand on est bien instruit de tout ce qui se passe,
On ouvre la tranchée, on canonne la place,
On renverse un rempart, on fait brèche : aussitôt
On avance en bon ordre, et l'on donne l'assaut ;
On égorge, on massacre, on tue, on vole, on pille.
C'est de même à peu près quand on prend une fille :
N'est-il pas vrai, monsieur ?

ÉRASTE.

A quelque chose près.
La suivante Lisette est dans nos intérêts.

CRISPIN.

Tant mieux. Plus dans la ville on a d'intelligence,
Et plus pour le succès on conçoit d'espérance.
Il la faut avertir que, sans bruit, sans tambours,
Il est toute la nuit arrivé du secours ;
Lui faire des signaux pour lui faire comprendre...

ÉRASTE.

Allons voir là-dessus quels moyens il faut prendre ;
Et, pour ne point donner des soupçons dangereux,
Évitons de rester plus longtemps en ces lieux.

SCÈNE VIII.

CRISPIN, soul.

Moi, comme ingénieur et chef d'artillerie,
Je vais voir où je dois placer ma batterie
Pour battre en brèche Albert, et l'obliger bientôt
A nous rendre la place, ou soutenir l'assaut.

ACTE DEUXIÈME

SCÈNE I.

ALBERT, soul.

Un secret confié, dit un excellent homme
(J'ignore son pays et comment il se nomme),
C'est la chose à laquelle on doit plus regarder,
Et la plus difficile en ce temps à garder :
Cependant, n'en déplaise à ce docteur habile,
La garde d'une fille est bien plus difficile.
J'ai fait par le jardin entrer le serrurier,
Qui doit à mon dessein promptement s'employer.
Je veux faire sortir Agathe et sa suivante,
De peur qu'à cet aspect leur cœur ne s'épouvante :
Il faut les appeler, afin qu'à son plaisir
L'ouvrier, libre et seul, puisse agir à loisir.
Quand j'aurai sur ce point satisfait ma prudence,
Il faudra les résoudre à prendre patience.
Holà ! quelqu'un.

SCÈNE II.

AGATHE, LISETTE, ALBERT.

ALBERT.
Venez sous ces arbres épais,
Pendant quelques moments, prendre avec moi le frais.

LISETTE, à Albert.
Voilà du fruit nouveau. Quel démon favorable
Vous rend l'accueil si doux et l'humeur si traitable ?
Par votre ordre étonnant, depuis plus de six mois,
Nous sortons aujourd'hui pour la première fois.

ALBERT.
Il faut changer de lieu quelquefois dans la vie :
Le plus charmant séjour à la fin nous ennuie.

AGATHE, à Albert.
Sous quelque autre climat que je sois avec vous,
L'air n'y sera pour moi ni meilleur, ni plus doux
Je ne sais pas pourquoi; mais enfin je soupire,
Quand je suis près de vous, plus que je ne respire.

ALBERT, à Agathe.
Mon cœur à ce discours se pâme de plaisirs.
Il te faut un époux pour calmer ces soupirs.

AGATHE.
Les filles, d'ordinaire assez dissimulées,
Font, au seul nom d'époux, d'abord les réservées,
Masquent leurs vrais désirs et répondent souvent
N'aimer d'autre parti que celui du couvent :
Pour moi, que le pouvoir de la vérité presse,
Qui ne trouve en cela ni crime ni faiblesse,
J'ai le cœur plus sincère, et je vous dis sans fard,
Que j'aspire à l'hymen, et plus tôt que plus tard.

LISETTE.
C'est bien dit. Que sert-il, au printemps de son âge,
De vouloir se soustraire au joug du mariage,
Et de se retrancher du nombre des vivants ?
Il était des maris bien avant des couvents;
Et je tiens, moi, qu'il faut suivre, en toute méthode,
Et la plus ancienne, et la plus à la mode.

Le parti d'un époux est le plus ancien,
Et le plus usité ; c'est pourquoi je m'y tien.
ALBERT.
En personnes d'esprit vous parlez l'une et l'autre.
Mes sentiments aussi sont conformes au vôtre :
Je veux me marier. Riche comme je suis,
On me vient tous les jours proposer des partis
Qui paraissent pour moi d'un très-grand avantage :
Mais je réponds toujours qu'un autre amour m'engage ;
(A Agathe.)
Que mon cœur, prévenu de ta rare beauté,
Pour toi seule soupire, et que, de ton côté
Tu n'adores que moi.
AGATHE.
Comment donc !
ALBERT.
Oui, mignonne,
J'ai déclaré l'amour qui pour moi t'aiguillonne.
AGATHE.
Vous avez, s'il vous plaît, dit...
ALBERT.
Qu'au fond de ton cœur
Pour moi tu nourrissais une sincère ardeur.
AGATHE.
Votre discrétion vraiment ne paraît guère.
ALBERT.
On ne peut être heureux, belle Agathe, et se taire.
AGATHE.
Vous ne deviez pas faire un tel aveu si haut.
ALBERT.
Et pourquoi, mon enfant ?
AGATHE.
C'est que rien n'est si faux,
Et qu'on ne peut mentir avec plus d'impudence.
ALBERT.
Vous ne m'aimez donc pas ?
AGATHE.
Non ; mais, en récompense,
Je vous hais à la mort.

ALBERT.
Et pourquoi?

AGATHE.

Qui le sait?
On aime sans raison, et sans raison on hait.

LISETTE, à Albert.
Si l'aveu n'est pas tendre, il est du moins sincère.

ALBERT, à Agathe.
Après ce que j'ai fait, basilic, pour vous plaire!

LISETTE.
Ne nous emportons point; voyons tranquillement
Si l'amour vous a fait un objet bien charmant.
Vos traits sont effacés, elle est aimable et fraîche;
Elle n'a pas seize ans, et vous êtes fort vieux;
Elle se porte bien, vous êtes catarrheux;
Elle a toutes ses dents, qui la rendent plus belle;
Vous n'en avez plus qu'une, encore branle-t-elle
Et doit être emportée à la première toux :
A quelle malheureuse ici-bas plairiez-vous?

ALBERT.
Si j'ai pris pour lui plaire une inutile peine,
Je veux, par la sambleu, mériter cette haine,
Et mettre en sûreté ses dangereux appas.
Je vais en certain lieu la mener de ce pas,
Loin de tous damoiseaux, où de son arrogance
Elle aura tout loisir de faire pénitence.
Allons, vite, marchons.

AGATHE.
Où voulez-vous aller?

ALBERT.
Vous le saurez tantôt; marchons, sans tant parler.

SCÈNE III.
ÉRASTE, ALBERT, AGATHE, LISETTE, CRISPIN.

(Éraste entre comme un homme qui se promène. Il aperçoit Albert, et
le salue.)

ALBERT, à part.
Quel triste contre-temps dans cette conjoncture!

Au diable le fâcheux, et sa sotte figure!

Haut à Éraste.

Souhaitez-vous, monsieur, quelque chose de moi?

LISETTE, bas à Agathe.

C'est Éraste.

AGATHE, bas.

Paix donc, je le vois mieux que toi.

Éraste continue à saluer.

ALBERT.

A quoi servent, monsieur, les façons que vous faites?
Parlez donc; je suis las de toutes ces courbettes.

ÉRASTE.

Étranger dans ces lieux, et ravi de vous voir,
Vous rendant mes respects, je remplis mon devoir
Assez près de chez vous ma chaise s'est rompue:
Lorsqu'à la réparer ici l'on s'évertue,
Attiré par l'aspect et le frais de ces lieux,
Je viens y respirer un air délicieux.

ALBERT.

Vous vous trompez, monsieur; l'air qu'ici l'on respire
Est tout à fait malsain : je dois même vous dire
Que vous ferez fort mal d'y demeurer longtemps,
Et qu'il est dangereux et mortel aux passants.

AGATHE.

Hélas! rien n'est plus vrai : depuis que j'y respire,
Je languis nuit et jour dans un cruel martyre.

CRISPIN.

Que l'on me donne à moi toujours du même vin
Que celui que notre hôte a percé ce matin,
Et je défie ici toux, fièvre, apoplexie,
De pouvoir, de cent ans, attenter à ma vie.

ÉRASTE.

On ne croira jamais qu'avec tant de beauté,
Et cet air si fleuri, vous manquiez de santé.

ALBERT.

Qu'elle se porte bien, ou qu'elle soit malade,
Cherchez un autre lieu pour votre promenade.

ERASTE.

Cet objet que le ciel a pris soin de parer,

Cette vue où mon œil se plaît à s'égarer,
Enchante mes regards ; et jamais la nature
N'étala ses attraits avec tant de parure.
Mon cœur est amoureux de ce qu'on voit ici.

ALBERT.

Oui, le pays est beau, chacun en parle ainsi ;
Mais vous emploieriez mieux la fin de la journée :
Votre chaise à présent doit être accommodée ;
Votre présence ici ne fait aucun besoin :
Partez ; vous devriez être déjà bien loin.

ÉRASTE.

Je pars dans le moment. Dites-moi, je vous prie...

ALBERT.

Puisque de babiller vous avez tant d'envie,
Je vais vous écouter avec attention.

(A Agathe et à Lisette.)

Rentrez ! rentrez.

LISETTE.

Monsieur...

ALBERT.

Eh ! rentrez, vous dit-on !

ÉRASTE.

Je me retirerai, plutôt que d'être cause
Que madame, pour moi, souffre la moindre chose.

AGATHE.

Non, monsieur, demeurez, et, jusques à demain,
Différez, croyez-moi, de vous mettre en chemin,
Et ne vous y mettez qu'en bonne compagnie.
Les chemins sont mal sûrs.

ALBERT.

Que de cérémonie !

(Agathe rentre.)

SCÈNE IV.

ALBERT, LISETTE, ÉRASTE, CRISPIN.

ALBERT, à Lisette.

Allons, vite, rentrons.

LISETTE.

Oui, oui, je rentrerai :
Mais, devant ces messieurs, tout haut je vous dirai
Que le ciel enverra quelque honnête personne
Pour faire enfin cesser les chagrins qu'on nous donne.
Depuis plus de six mois, dans ce cloître nouveau,
Nous n'avons aperçu que l'ombre d'un chapeau.
A tout homme en ce lieu l'entrée est interdite :
Tout, dans cette maison, est sujet à visite.
Nous croyons quelquefois que le monde a pris fin.
Rien n'entre ici, s'il n'est du genre féminin :
Jugez si quelque fille en ce lieu peut se plaire.

ALBERT, lui mettant la main sur la bouche, et la faisant rentrer.

Ah! je t'arracherai ta langue de vipère.

SCÈNE V.

ALBERT, ÉRASTE, CRISPIN.

ALBERT, bas.

Je ne veux point sitôt rentrer dans le logis,
Pour donner tout le temps que les barreaux soient mis.
Leurs plaintes et leurs cris me toucheraient peut-être.

Haut.

Çà, de quoi s'agit-il? Parlez, vous voilà maître :
Mais surtout soyez bref.

ÉRASTE.

Je suis fâché, vraiment,
Que pour moi votre fille ait un tel traitement.

ALBERT.

Qu'est-ce à dire, ma fille?

ÉRASTE.

Est-ce donc votre femme?

ALBERT.

Cela sera bientôt.

ÉRASTE.

J'en suis ravi dans l'âme.

Vous ne pouvez jamais prendre un plus beau dessein,
Et vous faites fort bien de lui tenir la main.
Tous les maris devraient faire ce que vous faites.
Les femmes aujourd'hui sont toutes si coquettes !...

ALBERT.

J'empêcherai, parbleu, que celle que je prends
Ne suive la manière et le train de ce temps.

CRISPIN.

Ah ! que vous ferez bien ! Je suis si soûl des femmes !...
Et je suis si ravi, quand quelques bonnes âmes
Se servent de mainmise un peu de temps en temps...

ALBERT.

Ce garçon-là me plaît, et parle de bon sens.

ÉRASTE.

Pour moi, je ne vois rien de si digne de blâme
Qu'un homme qui s'endort sur la foi d'une femme ;
Qui, sans être jamais de soupçons combattu,
Compte tranquillement sur sa frêle vertu ;
Croit qu'on fit pour lui seul une femme fidèle.
Il faut faire soi-même, en tout temps, sentinelle ;
Suivre partout ses pas ; l'enfermer, s'il le faut ;
Quand elle veut gronder, crier encore plus haut.
Et malgré tous les soins dont l'amour nous occupe,
Le plus fin, tel qu'il soit, en est toujours la dupe.

ALBERT.

Nous sommes un peu Grecs sur ces matières-là ;
Qui pourra m'attraper, bien habile sera.
Chaque jour, là-dedans, j'invente quelque adresse
Pour mieux déconcerter leur ruse et leur finesse.
Ma foi, vous aurez beau, messieurs leurs partisans,
Débonnaires maris, doucereux courtisans,
Abbés blonds et musqués qui cherchez par la ville
Des femmes dont l'époux soit d'un accès facile,
Publier que je suis un brutal, un jaloux ;
Dans le fond de mon cœur je me rirai de vous.

ÉRASTE.

Quand vous seriez jaloux, devez-vous vous défendre
Pour avoir plus qu'un autre un cœur sensible et tendre ?
Sans être un peu jaloux, on ne peut être amant.

Bien des gens cependant raisonnent autrement.
Un jaloux, disent-ils, qui sans cesse querelle,
Est plutôt le tyran que l'amant d'une belle :
Sans relâche agité de fureur et d'ennui,
Il ne met son plaisir que dans le mal d'autrui.
Insupportable à tous, odieux à lui-même,
Chacun à le tromper met son plaisir extrême,
Et voudrait qu'on permît d'étouffer un jaloux,
Comme un monstre échappé de l'enfer en courroux.
C'est dans le monde ainsi qu'on parle d'ordinaire :
Mais, pour moi, je soutiens un parti tout contraire,
Et dis qu'un galant homme, et qui fait tant d'aimer,
Par de jaloux transports peut se voir animer,
Céder à ce penchant, et qu'il faut, dans la vie,
Assaisonner l'amour d'un peu de jalousie.

ALBERT.

Certes, vous me charmez, monsieur, par votre esprit ;
Je voudrais, pour beaucoup, que cela fût écrit,
Pour le montrer aux sots qui blâment ma manière.

CRISPIN.

Entrons chez vous, monsieur : là, pour vous satisfaire,
Je vous l'écrirai tout, sans qu'il vous coûte rien.

ALBERT.

Je vous suis obligé ; je m'en souviendrai bien.
Vous n'avez pas, je crois, autre chose à me dire :
Voilà votre chemin. Adieu. Je me retire.
Que le ciel vous maintienne en ces bons sentiments ;
Et ne demeurez pas en ce lieu plus longtemps.

SCÈNE VI.

LISETTE, ÉRASTE, ALBERT, CRISPIN.

LISETTE.

Au secours ! aux voisins ! Quel accident terrible !
Quelle triste aventure ! Ah ciel ! est-il possible ?
Pauvre seigneur Albert, que vas-tu devenir ?
Le coup est trop mortel ; je n'en puis revenir.

ALBERT.

Qu'est-il donc arrivé?

LISETTE.

La plus rude disgrâce...

ALBERT.

Mais encor faut-il bien savoir ce qui se passe.

LISETTE.

Agathe...

ÉRASTE.

Eh bien! Agathe?

LISETTE.

Agathe, en ce moment,
Vient de devenir folle, et tout subitement.

ALBERT.

Agathe est folle!

ÉRASTE.

Ah ciel!

ALBERT.

Cela n'est pas croyable.

LISETTE.

Ah! monsieur, ce malheur n'est que trop véritable.
Quand par votre ordre exprès, elle a vu travailler
Ce maudit serrurier, venu pour nous griller;
Qu'elle a vu ces barreaux et ces grilles paraître,
Dont ce noir forgeron condamnait sa fenêtre,
J'ai, dans le même instant, vu ses yeux s'égarer,
Et son esprit frappé soudain s'évaporer.
Elle tient des discours remplis d'extravagance;
Elle court, elle grimpe, elle chante, elle danse.
Elle prend un habit, puis le change soudain
Avec ce qu'elle peut rencontrer sous sa main.
Tout à l'heure elle a mis, dans votre garde-robe,
Votre large calotte [1] et votre grande robe;
Puis, prenant sa guitare, elle a, de sa façon,
Chanté différents airs en différent jargon.
Enfin, c'est cent fois pis que je ne puis vous dire:
On ne peut s'empêcher d'en pleurer et d'en rire.

1 C'est ainsi que portent l'édition originale, celle de 1728 et celle de 1750. Dans les autres éditions, on lit *culotte* au lieu de *calotte*.

ÉRASTE.

Qu'entends-je ? juste ciel !

ALBERT.

Quel funeste malheur !

LISETTE.

De ce triste accident vous êtes seul l'auteur ;
Et voilà ce que c'est que d'enfermer les filles !

ALBERT.

Maudite prévoyance, et malheureuses grilles !

LISETTE.

J'ai voulu dans sa chambre un moment l'enfermer ;
C'était des hurlements qu'on ne peut exprimer :
De rage elle battait les murs avec sa tête.
J'ai dit qu'on ouvre tout, et qu'aucun ne l'arrête,
Mais je la vois venir.

SCÈNE VII.

AGATHE, ALBERT, ÉRASTE, LISETTE, CRISPIN.

LISETTE.

Hélas ! à tout moment
Elle change de forme et de déguisement.

AGATHE, en habit de Scaramouche, avec une guitare, faisant le musicien, chante :

Toute la nuit entière,
Un vieux vilain matou
Me guette sur la gouttière.
Ah ! qu'il est fou !
Ne se peut-il point faire
Qu'il s'y rompe le cou ?

ÉRASTE, bas à Crispin.

Malgré son mal, Crispin, l'aimable et doux visage !

CRISPIN, bas.

Je l'aimerais encor mieux qu'une autre plus sage.

AGATHE chante.

Ne se peut-il point faire
Qu'il s'y rompe le cou ?
Vous êtes du métier, musiciens, s'entend :

Fort vains, fort altérés, fort peu d'argent comptant;
Je suis, ainsi que vous, membre de la musique.
Enfant de *g ré sol*; et de plus, je m'en pique;
D'un bout du monde à l'autre on vante mon talent.
Sur un certain *duo*, que je trouve excellent,
Parce qu'il est de moi; je veux, sans complaisance,
Que chacun de vous deux m'en dise ce qu'il pense.

ALBERT.

Ah! ma chère Lisette, elle a perdu l'esprit.

LISETTE.

Qui le sait mieux que moi? Ne vous l'ai-je pas dit?

Agathe chante un petit prélude.

CRISPIN.

Ce qui m'en plaît, monsieur, sa folie est gaillarde.

ALBERT.

Elle a les yeux troublés, et la mine hagarde.

AGATHE.

J'aime les gens de l'art.

(Elle présente une main à Albert qu'elle secoue rudement, et laisse
baiser l'autre à Éraste.)

Touchez là, touchez là.

L'air que vous entendez est fait en *a mi la ;*
C'est mon ton favori : la musique en est vive,
Bizarre, pétulante, et fort récréative ;
Les mouvements légers, nouveaux, vifs, et pressés.
L'on m'envoya chercher, un de ces jours passés,
Pour détremper un peu l'humeur mélancolique
D'un homme dès longtemps au lit paralytique :
Dès que j'eus mis en chant un certain rigodon,
Trois sages médecins venus dans la maison,
La garde, le malade, un vieil apothicaire
Qui venait d'exercer son grave ministère,
Sans respect du métier, se prenant par la main,
Se mirent à danser jusques au lendemain.

CRISPIN, à Éraste.

Voir une Faculté faire en rond une danse,
Et sortir dans la rue ainsi tout en cadence,
Cela doit être beau, monsieur !

ÉRASTE, bas à Crispin.

                                Quoi ! malheureux,
Tu peux rire, et la voir en cet état affreux !

AGATHE.

Attendez... doucement... mon démon de musique
M'agite, me saisit... Je tiens du chromatique.
Les cheveux à la tête en dresseront d'horréur...
Ne troublez pas le dieu qui me met en fureur.
Je sens qu'en tons [1] heureux ma verve se dégorge.

(Elle tousse beaucoup et crache au nez d'Albert.)

Pouah ! c'est un diésis que j'avais dans la gorge.
Or donc, dans le *duo* dont il est question,
Vous y verrez du vif et de la passion :
Je réussis des mieux et dans l'un et dans l'autre.

Elle donne un papier de musique à Albert, et une lettre à Éraste.

Voilà votre partie ; et vous, voilà la vôtre.

Elle tousse pour se préparer à chanter.

CRISPIN.

Ecartons-nous un peu ; je crains les diésis.

LISETTE, à part.

Nous entendrons bientôt de beaux charivaris.

ALBERT.

Agathe, mon enfant, ton erreur est extrême.
Je suis seigneur Albert, qui te chéris, qui t'aime.

AGATHE.

Parbleu, vous chanterez.

ALBERT.

                    Eh bien ! je chanterai ;
Et, si c'est ton désir encor, je danserai.

ÉRASTE, ouvrant son papier, à part.

Une lettre, Crispin.

CRISPIN, bas à Éraste.

                 Ah ! ciel ! quelle aventure !
Le maître de musique entend la tablature.

1. Dans plusieurs éditions modernes, on lit *tours* au lieu de *tons.*

AGATHE.

Ça, comptez bien vos temps, pour partir : cette fois,
C'est vous qui commencez. Allons, vite : un, deux, trois.

Elle donne un coup du papier dont elle bat la mesure sur la tête
d'Albert, et frappe du pied sur le sien avec colère.

Partez donc, partez donc, musicien barbare,
Ignorant par nature, ainsi que par bécarre.
Quelle rauque grenouille, au milieu de ses joncs,
T'a donné de ton art les premières leçons ?
Sais-tu, dans un concert, ou croasser, ou braire ?

ALBERT.

Je vous ai déjà dit, sans vouloir vous déplaire,
Que je n'ai point l'honneur d'être musicien.

AGATHE.

Pourquoi donc, ignorant, viens-tu, ne sachant rien,
Interrompre un concert où ta seule présence
Cause des contre-temps et de la discordance ?
Vit-on jamais un âne essayer des bémols,
Et se mêler au chant des tendres rossignols ?
Jamais un noir corbeau, de malheureux présage,
Troubla-t-il des serins l'agréable ramage ?
Et jamais, dans les bois, un sinistre hibou,
Pour chanter un concert, sortit-il de son trou ?
Tu n'es et ne seras qu'un sot toute ta vie.

CRISPIN, à Agathe.

Mon maître, comme il faut, chantera sa partie ;
J'en suis sa caution.

AGATHE.

Il faut que, dès ce soir,
Dans une sérénade il montre son savoir ;
Qu'il fasse une musique et prompte, et vive, et tendre,
Qui m'enlève.

LISETTE, à Crispin.

Entends-tu ?

CRISPIN.

Je commence à comprendre.
C'est... comme qui dirait une fugue.

AGATHE.

D'accord.

CRISPIN.
Une fugue, en musique, est un morceau bien fort,
Et qui coûte beaucoup.

Bas à Agathe.

Nous n'avons pas un double.

AGATHE, bas à Crispin.
Nous pourvoirons à tout; qu'aucun soin ne vous trouble.

ÉRASTE, à Agathe.
Vous verrez que je suis un homme de concert,
Et que je sais, de plus, chanter à livre ouvert.

AGATHE chante.
L'uccelletto,
No, non è matto,
Che, cercando di quà, di là,
Va trovando la libertà :
Ut re mi, re mi fa;
Mi fa sol, fa sol la.

Al dispetto
D'un vecchio bruto,
E cercando di quà, di là,
L'uccelletto si salverà :
Ut re mi, re mi fa;
Mi fa sol, fa sol la.

(Elle sort en chantant et en dansant autour d'Éraste.)

SCÈNE VIII.

ALBERT, LISETTE, ÉRASTE, CRISPIN.

ALBERT.
Lisette, suivons-la ; voyons s'il est possible
D'apporter du remède à ce malheur terrible.

SCÈNE IX.

LISETTE, ÉRASTE, CRISPIN.

LISETTE.
Ma pauvre maîtresse ! Ah ! j'ai le cœur si saisi !
Je crois que je m'en vais devenir folle aussi.

(Elle sort en dansant et en chantant autour de Crispin.)

SCÈNE X.

ÉRASTE, CRISPIN.

ÉRASTE, ouvrant la lettre.

Il est entré. Lisons...
  « Vous serez surpris du parti que je prends ; mais
« l'esclavage où je me trouve devenant plus dur chaque
« jour, j'ai cru qu'il m'était permis de tout entre-
» prendre. Vous, de votre côté, essayez tout pour me
« délivrer de la tyrannie d'un homme que je hais au-
« tant que je vous aime. »
                    Que dis-tu, je te prie,
De tout ce que tu vois, et de cette folie ?

CRISPIN.

J'admire les ressorts de l'esprit féminin,
Quand il est agité de l'amoureux lutin.

ÉRASTE.

Il faut que, cette nuit, sans plus longue remise,
Nous fassions éclater quelque noble entreprise,
Et que nous l'arrachions, Crispin, d'un joug si dur.

CRISPIN.

Vous voulez l'enlever ?

ÉRASTE.

              Ce serait le plus sûr,
Et le plus prompt.

CRISPIN.

              D'accord. Mais vous rendant service,
Je crains après cela...

ÉRASTE.

              Que crains-tu ?

CRISPIN.

                    La justice.

ÉRASTE.

C'est pour nous épouser.

CRISPIN.

              C'est fort bien entendu.
vous serez épousé ; moi, je serai pendu.

ÉRASTE.

Il me vient un dessein... Tu connais bien Clitandre ?

CRISPIN.

Oui-da.

ÉRASTE.

D'un tel ami nous pouvons tout attendre :
Son château n'est pas loin ; c'est chez lui que je veux
Me choisir un asile en partant de ces lieux.
Là, bravant du jaloux le dépit et la rage,
Nous disposerons tout pour notre mariage.
La joie et le plaisir règnent dans ce séjour,
Et nous y conduirons et l'Hymen et l'Amour.

SCÈNE XI.

ALBERT, ÉRASTE, CRISPIN.

ALBERT, à Éraste.

Ah ! monsieur, excusez l'ennui qui me possède.
Je reviens sur mes pas pour chercher du remède.
Cet homme est à vous ?

ÉRASTE.

Oui.

ALBERT.

De grâce, ordonnez-lui
Qu'il veuille à mon secours s'employer aujourd'hui.

ÉRASTE.

Et que peut-il pour vous ? Parlez.

ALBERT.

De sa science
Il a daigné tantôt me faire confidence :
Il a mille secrets pour guérir bien des maux ;
Peut-être en a-t-il un pour les faibles cerveaux.

CRISPIN.

Oui, oui, j'en ai plus d'un, dont l'effet salutaire...
Mais vous m'avez tantôt traité d'une manière...

ALBERT, à Crispin.

Ah ! monsieur !

CRISPIN.
Refuser, lorsqu'on vous en priait,
De dire le chemin, et l'heure qu'il était !

ALBERT.
Pardonnez mon erreur.

CRISPIN.
En nul lieu, de ma vie,
On ne me fit tel tour, pas même en Barbarie.

ALBERT.
Pourrez-vous, sans pitié, voir éteindre les jours
D'un objet si charmant sans lui donner secours ?

A Éraste.
Monsieur, parlez pour moi.

ÉRASTE.
Crispin, je t'en conjure,
Tâche à guérir le mal que cette belle endure.

CRISPIN.
J'immole encor pour vous tout mon ressentiment.

A Albert.
Oui, je veux la guérir, et radicalement.

ALBERT.
Quoi ! vous pourriez...

CRISPIN.
Rentrez. Je vais voir dans mon livre
Le remède qu'il est plus à propos de suivre...
Vous me verrez tantôt dans l'opération.

ALBERT.
Je ne puis exprimer mon obligation ;
Mais aussi soyez sûr que mon bien et ma vie...

CRISPIN.
Allez, je ne veux rien qu'elle ne soit guérie.

SCÈNE XII

ERASTE, CRISPIN.

ÉRASTE.
Que veut dire cela ? Par quel heureux destin
Es-tu donc à ses yeux devenu médecin ?

CRISPIN.

Ma foi, je n'en sais rien. Ce que je puis vous dire,
C'est que tantôt, sa vue ayant su m'interdire,
Pour cacher mon dessein et me déguiser mieux,
J'ai dit que je cherchais des simples dans ces lieux ;
Que j'avais pour tous maux des secrets admirables,
Et faisais tous les jours des cures incurables ;
Et voilà justement ce qui fait son erreur.

ÉRASTE.

Il en faut profiter. Je ressens dans mon cœur
Renaître en ce moment l'espérance et la joie.
Allons nous consulter, et voir par quelle voie
Nous pourrons réussir dans nos nobles projets,
Et ferons éclater ton art et tes secrets.

CRISPIN.

Moi, je suis prêt à tout ; mais il est inutile
D'entreprendre un projet, sans ce premier mobile.
Nous sommes sans argent : qui nous en donnera ?

ÉRASTE, montrant sa lettre.

L'amour y pourvoira.

SCÈNE XIII.

CRISPIN, seul.

L'amour y pourvoira.
Il semble à ces messieurs, dans leur manie étrange,
Que leurs billets d'amour soient des lettres de change.

ACTE TROISIÈME

SCÈNE I.

ÉRASTE seul.

Je ne puis revenir de tout ce que j'entends.
Qu'une fille a d'esprit, de raison, de bon sens,
Quand l'amour, une fois s'emparant de son âme,

Lui peut communiquer son génie et sa flamme !
De mon côté, j'ai pris, ainsi que je le doi,
Tous les soins que l'amour peut attendre de moi.
Crispin est averti de tout ce qu'il faut faire.
Quelque secours d'argent nous serait nécessaire.

SCÈNE II.

ALBERT, ÉRASTE.

ALBERT, à part.

Je ne puis demeurer en place un seul moment.
Je vais, je viens, je cours ; tout accroît mon tourment.
Près d'elle, mon esprit, comme le sien, se trouble ;
Son accès de folie à chaque instant redouble.
(A Éraste.)
Ah ! monsieur, suis-je assez au rang de vos amis,
Pour m'aider du secours que vous m'avez promis ?
Cet homme qui tantôt m'a vanté sa science
Veut-il de ses secrets faire l'expérience ?
En l'état où je suis, je dois tout accorder ;
Et lorsque l'on perd tout, on peut tout hasarder.

ÉRASTE.

Je me fais un plaisir de rendre un bon office.
On se doit en tout temps l'un à l'autre service.
La malade aujourd'hui m'a fait trop de pitié,
Pour ne vous pas donner ces marques d'amitié.
L'homme dont il s'agit en ces lieux doit se rendre ;
J'ai voulu sur le mal le sonder et l'entendre.
Mais il m'en a parlé dans des termes si nets,
En me développant la cause et les effets,
Qu'en vérité je crois qu'il en sait plus qu'un autre.

ALBERT.

Quel service, monsieur, peut être égal au vôtre !
Comme le ciel envoie ici, sans y songer,
Cette honnête personne exprès pour m'obliger !

ÉRASTE.

Je ne garantis point sa science profonde ;

Vous savez que ces gens, venus du bout du monde,
Pour tout genre de maux apportent des trésors :
C'est beaucoup s'ils n'ont pas ressuscité des morts.
Mais si l'on peut juger de tout ce qu'il peut faire
Par tout ce qu'il m'a dit, cet homme est votre affaire :
Il ne veut que la fin du jour pour tout délai.
Si vous le souhaitez, vous en ferez l'essai.
D'un office d'ami simplement je m'acquitte.

ALBERT.

Je suis persuadé, monsieur, de son mérite.
Nous voyons tous les jours de ces sortes de gens
Apprendre, en voyageant, des secrets surprenants

SCÈNE III.

LISETTE, ÉRASTE, ALBERT,

LISETTE.

Ah ciel ! vous allez voir bien une autre folie.
Si cela dure encore, il faudra qu'on la lie.

SCÈNE IV.

AGATHE, en vieille; LISETTE, ÉRASTE, ALBERT.

AGATHE.

Bonjour, mes doux amis; Dieu vous gard', mes enfants !
Eh bien ! qu'est-ce ? comment passez-vous votre temps ?
Que le ciel pour longtemps la santé vous envoie,
Vous conserve gaillards, et vous maintienne en joie !
Le chagrin ne vaut rien, et ronge les esprits;
Il faut se divertir : c'est moi qui vous le dis.

ÉRASTE.

Je la trouve charmante; et, malgré sa vieillesse,
On trouverait encor des retours de jeunesse.

AGATHE.

Ho ! vous me regardez ! vous êtes ébaubis
De me trouver si fraîche avec des cheveux gris.

Je me porte encor mieux que tous tant que vous êtes.
Je fais quatre repas, et je lis sans lunettes.
Je sirote mon vin, quel qu'il soit, vieux, nouveau;
Je fais rubis sur l'ongle, et n'y mets jamais d'eau.
Je vide gentiment mes deux bouteilles.

LISETTE.

Peste !

AGATHE.

Oui vraiment, du champagne encor, sans qu'il en reste.
On peut voir dans ma bouche encor toutes mes dents.
J'ai pourtant, voyez-vous, quatre-vingt-dix-huit ans,
Vienne la Saint-Martin.

LISETTE.

La jeunesse est complète.

AGATHE.

Tout autant : mais je suis encore verdelette;
Et je ne laisse pas, à l'âge où me voilà,
D'avoir des serviteurs, et qui m'en content, dà.
Mais vois-tu, mon ami, veux-tu que je te dise ?
Les hommes d'aujourd'hui, c'est piètre marchandise,
Ils ne valent plus rien ; et, pour en ramasser,
Tiens, je ne voudrais pas seulement me baisser.

ÉRASTE, bas à Albert.

De ces vapeurs souvent est-elle travaillée ?

ALBERT, bas à Éraste.

Hélas! jamais. Il faut qu'on l'ait ensorcelée.

AGATHE.

A mon âge, je vaux encor mon pesant d'or.
Les enfants cependant m'ont beaucoup fait de tort :
Je ne paraîtrais pas la moitié de mon âge,
Si l'on ne m'avait mise à treize ans en ménage.
C'est tuer la jeunesse, à vous en parler franc,
Que la mettre sitôt en un péril si grand.
Je ne me souviens pas d'avoir presque été fille.
A vous dire le vrai, j'étais assez gentille.
A vingt-sept ans, j'avais déjà quatorze enfants.

LISETTE.

Quelle fécondité ! quatorze ?

AGATHE.
　　　　Oui, tout grouillants,
Et tous garçons encor ; je n'en avais point d'autres,
Et n'en voyais aucun tourné comme les nôtres.
Mais ce sont des fripons, et qui finiront mal :
Les malheureux voudraient me voir à l'hôpital.
Croiriez-vous que, depuis la mort de feu leur père,
Ils m'ont, jusqu'à présent, chicané mon douaire ?
Un douaire gagné si légitimement !

ALBERT, à part.
Hélas ! peut-on plus loin pousser l'égarement ?

LISETTE, à part.
La friponne, ma foi, joue, à charmer, ses rôles.

AGATHE, à Albert.
J'aurais très-grand besoin de quelque cent pistoles ;
Prêtez-les-moi, monsieur, pour subvenir aux frais,
Et pour faire juger ce malheureux procès.

ALBERT.
Tu rêves, mon enfant : mais, pour te satisfaire,
J'avancerai les frais, et j'en fais mon affaire.

AGATHE.
Si je n'ai cet argent, ce jour, en mon pouvoir,
Mon unique recours sera le désespoir.

ALBERT.
Mais songe, mon enfant...

AGATHE.
　　　　Vous êtes honnête homme ;
Ne me refusez pas, de grâce, cette somme.

ALBERT, bas à Éraste.
Je veux flatter son mal.

ÉRASTE, bas à Albert.
　　　　Vous ferez sagement.
Il ne faut pas, de front, heurter son sentiment.

LISETTE, bas à Albert.
Si vous lui résistez, elle est fille, peut-être
A s'aller, de ce pas, jeter par la fenêtre.

ALBERT, bas.
D'accord.

LISETTE, bas.
Il me souvient que vous avez tantôt
Reçu ces cent louis, ou du moins peut s'en faut :
Quel risque à ses désirs de vouloir condescendre ?

ALBERT, bas.
Il est vrai qu'à l'instant je pourrai lui reprendre.
(Haut, à Agathe.)
Tiens, voilà cet argent : va, puissent au procès
Ces cent louis prêtés donner un bon succès !

AGATHE, prenant la bourse.
Je suis sûre à présent du gain de notre affaire :
Mais ce secours m'était tout à fait nécessaire.
Donne à mon procureur, Lisette, cet argent :
Je crois qu'à me servir il sera diligent.

LISETTE.
Il n'y manquera pas.

ÉRASTE.
Comptez aussi, madame,
Que je veux vous servir, et de toute mon âme.

AGATHE.
Je reviens sur mes pas en habit plus décent,
Pour aller avec vous, dans ce besoin pressant,
Solliciter mon juge, et demander justice.
(A Albert.)
Adieu. Qu'un jour le ciel vous rende ce service !
Qu'une veuve est à plaindre, et qu'elle a de tourments,
Quand elle a mis au jour de mauvais garnements !

SCÈNE V.

LISETTE, ÉRASTE, ALBERT.

LISETTE, bas à Éraste, lui remettant la bourse.
Voilà de quoi, monsieur, avancer votre affaire.

ÉRASTE, bas à Lisette.
J'aurai soin du procès : je sais ce qu'il faut faire.

ALBERT, à Lisette qui sort.
Prends bien garde à l'argent.

LISETTE.

N'ayez point de chagrin;
J'en réponds corps pour corps, il est en bonne main.

SCÈNE VI.

ALBERT, ÉRASTE.

ALBERT.

Vous voyez à quel point cette folie augmente.
Votre homme ne vient point, et je m'impatiente.

ÉRASTE.

Je ne sais qui l'arrête : il devrait être ici.
Mais je le vois qui vient ; n'ayez plus de souci.

SCÈNE VII

ALBERT, ÉRASTE, CRISPIN.

ALBERT, à Crispin.

Eh ! monsieur, venez donc. Avec impatience
Tous deux nous attendons ici votre présence.

CRISPIN.

Un savant philosophe a dit élégamment :
« Dans tout ce que tu fais hâte-toi lentement. »
J'ai depuis peu de temps pourtant bien fait des choses,
Pour savoir si le mal dont nous cherchons les causes
Réside dans la basse ou haute région :
Hippocrate dit oui, mais Galien dit non;
Et, pour mettre d'accord ces deux messieurs ensemble,
Je n'ai pas, pour venir, trop tardé, ce me semble.

ALBERT.

Vous voyez donc, monsieur, d'où procède son mal?

CRISPIN.

Je le vois aussi net qu'à travers un cristal.

ALBERT.

Tant mieux. Vous saurez que, depuis tantôt, la belle
Sent toujours de son mal quelque crise nouvelle :
En ces lieux écartés n'ayant nuls médecins,
Monsieur m'a conseillé de la mettre en vos mains.

CRISPIN.

Sans doute elle serait beaucoup mieux dans les siennes;
Mais j'espère employer utilement mes peines.

ALBERT.

Vous avez donc guéri de ces maux quelquefois?

CRISPIN.

Moi? si j'en ai guéri? Ah! vraiment, je le crois.
Il entre dans mon art quelque peu de magie.
Avec trois mots, qu'un Juif m'apprit en Arabie,
Je guéris une fois l'infante de Congo,
Qui vraiment avait bien un autre vertïgo.
Je laisse aux médecins exercer leur science
Sur les maux dont le corps ressent la violence :
Mais l'objet de mon art est plus noble; il guérit
Tous les maux que l'on voit s'attaquer à l'esprit.
Je voudrais qu'à la fois vous fussiez maniaque,
Atrabilaire, fou, même hypocondriaque,
Pour avoir le plaisir de vous rendre, demain,
Sage comme je suis, et de corps aussi sain.

ALBERT.

Je vous suis obligé, monsieur, d'un si grand zèle.

CRISPIN.

Sans perdre plus de temps, entrons chez cette belle.

ALBERT, l'arrêtant.

Non, s'il vous plaît, monsieur, il n'en est pas besoin;
Et de vous l'amener je vais prendre le soin.

SCÈNE VIII.

ÉRASTE, CRISPIN.

ÉRASTE.

Tout va bien. La fortune à nos vœux s'intéresse.
Agathe, en ton absence, avec un tour d'adresse,
A su tirer d'Albert ces cent louis comptants.

CRISPIN.

Comment donc?

ÉRASTE.

Tu sauras le tout avec le temps.
Nous avons maintenant, sans chercher davantage,
De quoi sauver Agathe et nous mettre en voyage,
Pourvu qu'un seul moment nous puissions écarter·
Ce malheureux Albert, qui ne la peut quitter.
Tant qu'il suivra ses pas, nous ne saurions rien faire.

CRISPIN.

Reposez-vous sur moi; je réponds de l'affaire.
Vous avez de l'esprit, je ne suis pas un sot,
Et la fausse malade entend à demi-mot.

ÉRASTE.

J'imagine un moyen des plus fous; mais qu'importe ?
La pièce en vaudra mieux, plus elle sera forte.
Il faut convaincre Albert qu'avec de certains mots,
Ainsi que tu l'as dit déjà fort à propos,
Tu pourrais la guérir de cette maladie,
Si quelque autre voulait prendre la frénésie.
Je m'offrirai d'abord à tout événement.
Laisse-moi faire après le reste seulement :
Va, si de belle peur le vieillard ne trépasse,
Il faudra, pour le moins, qu'il nous quitte la place.

CRISPIN.

Mais comment voulez-vous qu'Agathe à ce dessein,
Sans en avoir rien su, puisse prêter la main?

ÉRASTE.

Je l'instruirai de tout, je t'en donne parole.
Mais songe seulement à bien jouer ton rôle ;
Et lorsque dans ces lieux Agathe reviendra,
Amuse le vieillard du mieux qu'il se pourra,
Pour me donner le temps d'expliquer le mystère,
Et lui dire en deux mots ce qu'elle devra faire.
Albert ne peut tarder. Mais je le vois qui sort.

SCÈNE IX.

LISETTE, ÉRASTE, ALBERT, CRISPIN.

CRISPIN, à part.

Dieu conduise la barque, et la mette à bon port!

ALBERT.

Ah ! messieurs, sa folie à chaque instant augmente ;
Un transport martial à présent la tourmente.
De l'habit dont jadis elle courait le bal,
Elle s'est mise en homme, à cet excès fatal [1].
Elle a pris aussitôt un attirail de guerre,
Un bonnet de dragon, un large cimeterre.
Elle ne parle plus que de sang, de combats :
Mon argent doit servir à lever des soldats ;
Elle veut m'enrôler.

SCÈNE X.

ALBERT, ÉRASTE, AGATHE, LISETTE, CRISPIN.

AGATHE, en justaucorps, avec un bonnet de dragon.
Morbleu, vive la guerre !
Je ne puis plus rester inutile sur terre.
Mon équipage est prêt.

A Éraste.
Ah ! marquis, en ce lieu
Je te trouve à propos, et viens te dire adieu.
J'ai trouvé de l'argent pour faire ma campagne ;
Et cette nuit enfin je pars pour l'Allemagne.

ALBERT.
Ciel ! quel égarement !

AGATHE.
Parbleu ! les officiers
Sont malheureux d'avoir affaire aux usuriers :
Pour tirer de leurs mains cent mauvaises pistoles,
Il faut plus s'intriguer, et plus jouer de rôles !
Celui qui m'a prêté son argent, je le tien
Pour le plus grand coquin, le plus juif, le plus chien

1. Ce vers est conforme à l'édition originale et à celle de 1728. Dans les autres éditions, on lit :
De l'habit dont jadis elle courait le bal,
Elle s'est mise en homme. En cet excès fatal,
Elle a pris aussitôt un attirail de guerre, etc.

Que l'on puisse trouver en affaires pareilles :
Je voudrais que quelqu'un m'apportât ses oreilles.
Enfin me voilà prêt d'aller servir le roi;
Il ne tiendra qu'à toi de partir avec moi.

ÉRASTE.

Partout où vous irez, je suis de la partie.

Bas à Albert.

Il faut, avec prudence, entrer dans sa manie.

AGATHE.

Je quitte avec plaisir l'étendard de l'Amour.
Je puis, sous ses drapeaux, aller loin quelque jour.
J'ai mille qualités, de l'esprit, des manières;
Je sais l'art de réduire aisément les plus fières.
Mais quoi! que voulez-vous? je ne suis point leur fait,
Le beau sexe sur moi ne fit jamais d'effet.
La gloire est mon penchant; cette gloire inhumaine
A son char éclatant en esclave m'enchaîne.
Ce pauvre sexe meurt et d'amour et d'ennui,
Sans que je sois tenté de rien faire pour lui.
Plus de délais : je cours où la gloire m'appelle.

(A Crispin.)

Amène mes chevaux. L'occasion est belle ;
Partons, courons, volons.

Éraste parle bas à Agathe.

CRISPIN, à Albert.

Je ne la quitte pas,
Et suis prêt à la suivre au milieu des combats.

Albert surprend Éraste parlant bas à Agathe.

ÉRASTE, à Albert.

J'examinais ses yeux. A ce qu'on peut comprendre,
Quelque accès violent sans doute va la prendre,
Lequel sera suivi d'un assoupissement :
Ordonnez qu'on apporte un fauteuil vitement.

AGATHE.

Qu'il me tarde déjà d'être au champ de la gloire!
D'aller aux ennemis arracher la victoire!
Que de veuves en deuil! que d'amantes en pleurs!
Enfants, suivez-moi tous; ranimez vos ardeurs.
Je vois dans vos regards briller votre courage.

Que tout ressente ici l'horreur et le carnage.
La baïonnette au bout du fusil. Ferme ; bon :
Frappez. Serrez vos rangs ; percez cet escadron.
Les coquins n'oseraient soutenir notre vue.
Ah ! marauds, vous fuyez ! Non, point de quartier ! tue.

(Elle tombe comme évanouie dans un fauteuil.)

CRISPIN.

En peu de temps, voilà bien du sang répandu.

ALBERT.

Sans espoir de retour elle a l'esprit perdu.

CRISPIN.

Tout se prépare bien ; je la vois qui repose.

(Il parle à l'écart à Albert, tandis qu'Éraste parle bas à Agathe.)

Son mal, à mon avis, ne provient d'autre chose
Que d'une humeur contrainte, un esprit irrité,
Qui veut avec effort se mettre en liberté.
Quelque démon d'amour a saisi son idée.

LISETTE.

Comment ! la pauvre fille est-elle possédée ?

CRISPIN.

Ce démon violent, dont il la faut sauver,
Est bien fort, et pourrait dans peu nous l'enlever.
Si j'avais un sujet, dans cette maladie,
En qui je fisse entrer cet esprit de folie,
Je vous répondrais bien...

ALBERT.

　　　　　　Lisette est un sujet
Qui, sans aller plus loin, vous servira d'objet.

LISETTE.

Je vous baise les mains, et vous donne parole
Que je n'en ferai rien : je ne suis que trop folle.

ÉRASTE, à Crispin.

Hâtez-vous donc. Son mal augmente à chaque instant.

CRISPIN.

Malepeste ! ceci n'est pas un jeu d'enfant.
On ne saurait agir avec trop de prudence.
Quand dans le corps d'un homme un démon prend séance,

Je puis, sans me flatter, l'en tirer aisément;
Mais dans un corps femelle il tient bien autrement.

ÉRASTE, à Albert.

Pour savoir aujourd'hui jusqu'où va sa science,
Je veux bien me livrer à son expérience.
Je commence à douter de l'effet; et je croi
Qu'il s'est voulu moquer et de vous et de moi.
Je veux l'embarrasser.

CRISPIN.

Moi, je veux vous confondre
Et vous mettre en état de ne pouvoir répondre.
Mettez-vous auprès d'elle. Eh! non; comme cela,
Un genou contre terre, et vous tenez bien là,
Toujours sur ses beaux yeux votre vue assurée,
Votre main dans la sienne étroitement serrée.

(A Albert.)

Ne consentez-vous pas qu'il lui donne la main,
Pour que l'attraction se fasse plus soudain?

ALBERT.

Oui, je consens à tout.

CRISPIN.

Tant mieux. Sans plus attendre,
Vous verrez un effet qui pourra vous surprendre.

(Il fait quelques cercles avec sa baguette sur les deux amants,
en disant : *Microc, salam, hynocrata.*)

AGATHE, se levant de sou fauteuil.

Ciel! quel nuage épais se dissipe à mes yeux!

ÉRASTE, se levant.

Quelle sombre vapeur vient obscurcir ces lieux!

AGATHE.

Quel calme en mon esprit vient succéder au trouble!

ÉRASTE.

Quel tumulte confus dans mes sens se redouble!
Quels abîmes profonds s'entr'ouvrent sous mes pas!
Quel dragon me poursuit! Ah! traître, tu mourras :
D'un monstre tel que toi je veux purger le monde.

(Il poursuit Albert l'épée à la main.)

CRISPIN, se mettant au-devant d'Éraste, à Albert.

Ah! monsieur, évitez sa rage furibonde.
Sauvez-vous, sauvez-vous.

ÉRASTE.

Laissez-moi de son flanc
Tirer des flots mêlés de poison et de sang.

CRISPIN, retenant Éraste.

Aux accents violents dont son cœur se transporte,
Je vois que j'ai donné la dose un peu trop forte.

ÉRASTE.

Je le veux immoler à ma juste fureur.

CRISPIN, de même.

N'auriez-vous point chez vous quelque forte liqueur,
De bon esprit-de-vin, des gouttes d'Angleterre,
Pour calmer cet esprit et ces vapeurs de guerre?
Il s'en va m'échapper.

ALBERT, tirant sa clef.

Oui, j'ai ce qu'il lui faut.
Lisette, tiens ma clef; va, cours vite là-haut;
Prends la fiole où...

LISETTE.

Je crains en ce désordre extrême,
De faire un *quiproquo;* vous feriez mieux vous-même.

CRISPIN, de même.

Courez donc au plus tôt. Laisserez-vous périr
Un homme qui, pour vous, s'est offert à mourir?

LISETTE, poussant Albert.

Allez vite; allez donc.

ALBERT, sortant.

Je reviens tout à l'heure.

SCÈNE XI.

ÉRASTE, AGATHE, LISETTE, CRISPIN.

ÉRASTE.

Ne perdons point de temps, quittons cette demeure
Ce bois nous favorise; Albert ne saura pas
De quel côté l'amour aura tourné nos pas.

AGATHE.

Je mets entre vos mains et mon sort et ma vie.

LISETTE.

Vive, vive Crispin ! et *vivat* la folie !
Allons courir les champs, pour remplir notre sort,
Et le laissons tout seul exhaler son transport.

SCÈNE XII.

ALBERT, seul, tenant une fiole.

J'apporte un élixir d'une force étonnante...
Mais je ne vois plus rien. Quel soupçon m'épouvante ?
Lisette ! Agathe ! O ciel ! tout est sourd à mes cris.
Que sont-ils devenus ? Quel chemin ont-ils pris ?
Au voleur ! à la force ! au secours ! Je succombe.
Où marcher ? où courir ? Je chancelle, je tombe.
Par leur feinte folie, ils m'ont enfin séduit ;
Et moi seul en ce jour j'avais perdu l'esprit.
Voilà de mon amour la suite ridicule.
Ah ! maudite bouteille, et vieillard trop crédule !
Allons, suivons leurs pas ; ne nous arrêtons plus.
Traîtres de ravisseurs, vous serez tous pendus.
Et toi, sexe trompeur, plus à craindre sur terre
Que le feu, que la faim, que la peste et la guerre,
De tous les gens de bien tu dois être maudit ;
Je te rends pour jamais au diable qui te fi^t

FIN

LE
MARIAGE DE LA FOLIE

PERSONNAGES

CLITANDRE, ami d'Éraste.
ÉRASTE, amant d'Agathe.
AGATHE, amante d'Éraste.
ALBERT, jaloux, et tuteur d'Agathe.
LISETTE, servante d'Albert.

CRISPIN, valet d'Éraste.
MOMUS.
LA FOLIE.
LE CARNAVAL.
TROUPE DE GENS MASQUÉS.
UNE PAGODE.

SCÈNE I
CLITANDRE, ÉRASTE.

CLITANDRE.

Tu ne pouvais, ami, faire un plus digne choix.
Cette jeune beauté ravit, enlève, enchante :
Aux yeux de tout le monde elle est toute charmante;
Et je te trouve heureux de vivre sous ses lois.

ÉRASTE.

Je le suis d'autant plus que, selon mon attente,
Je retrouve toujours le même cœur en toi,
Un ami généreux, une âme bienfaisante,
Qui prend à mon bonheur la même part que moi;
    Et l'accueil qu'ici je reçois
    Est une faveur éclatante,
    Que je ressens comme je dois.

CLITANDRE.

    Point de compliment, je te prie :
    Nous sommes amis de longtemps;
    Bannissons la cérémonie.
Je suis ravi de t'avoir dans un temps
Où se trouve chez moi si bonne compagnie.
Attendant que tes feux soient tout à fait contents,

Pendant que votre hymen s'apprête,
A vous désennuyer nous travaillerons tous,
Et nous honorerons la fète
Des amusements les plus doux.

ÉRASTE.

Tout respire chez toi la joie et l'allégresse;
Y peut-on manquer de plaisirs?
A-t-on même le temps de former des désirs?
De tous les environs la brillante jeunesse
A te faire la cour donne tous ses loisirs.
Tu la reçois avec noblesse;
Grand'chère, vin délicieux,
Belle maison, liberté tout entière,
Bals, concerts, enfin tout ce qui peut satisfaire
Le goût, les oreilles, les yeux.
Ici, le moindre domestique
A du talent pour la musique :
Chacun, d'un soin officieux,
A ce qui peut plaire s'applique.
Les hôtes même, en entrant au château,
Semblent du maître épouser le génie.
Toujours société choisie :
Et, ce qui me paraît surprenant et nouveau,
Grand monde et bonne compagnie.

CLITANDRE.

Pour être heureux, je l'avouerai,
Je me suis fait une façon de vie
A qui les souverains pourraient porter envie;
Et, tant qu'il se pourra, je la continuerai.
Selon mes revenus je règle ma dépense;
Et je ne vivrais pas content,
Si, toujours en argent comptant,
Je n'en avais au moins deux ans d'avance.
Les dames, le jeu, ni le vin,
Ne m'arrachent point à moi-même;
Et cependant je bois, je joue et j'aime.
Faire tout ce qu'on veut, vivre exempt de chagrin,
Ne se rien refuser, voilà tout mon système;
Et de mes jours ainsi j'attraperai la fin.

ÉRASTE.

Sur ce pied-là, ton bonheur est extrême.
Heureux qui peut jouir d'un semblable destin!

CLITANDRE.

J'en suis content.

SCÈNE II

CLITANDRE, ÉRASTE; CRISPIN, en habit de médecin.

CLITANDRE.

Mais que vous veut Crispin?
Comme le voilà fait!

ÉRASTE, à Crispin.

Que veux-tu? qui t'amène?
Es-tu fou?

CRISPIN.

Non, monsieur; mais je suis hors d'haleine,
Je n'en puis plus.

ÉRASTE.

Eh bien?

CRISPIN.

Voici bien du fracas.

CLITANDRE.

Comment?

CRISPIN.

Dans ce château l'on a suivi nos pas,

ÉRASTE.

Ah! ciel!

CLITANDRE, à Éraste.

Ne craignez rien.

CRISPIN.

Après la belle Hélène
Tant de monde ne courut pas.

ÉRASTE.

Traître! de quoi ris-tu? dis.

CRISPIN.

De votre embarras.

ÉRASTE.

Prends-tu quelque plaisir à me tenir en peine?
Qui nous a suivis? Parle. Est-ce notre jaloux?

CRISPIN.

Non pas, monsieur ; ce sont des folles et des fous ;
Aux environs d'ici la campagne en est pleine ;
   En grande bande ils viennent tous ;
   Et Momus, qui vous les amène,
A fait de ce château le lieu du rendez-vous.

ÉRASTE.

Mais toi-même es-tu fou ? dis le moi, je te prie.
Quel habit as-tu là ? Que viens-tu nous conter ?

CRISPIN.

Non, par ma foi, monsieur, ce n'est point rêverie.
   Le Carnaval, Momus et la Folie,
Viennent, avec leur suite, ici vous visiter ;
Et j'ai cru devant eux devoir me présenter
   En habit de cérémonie.
Suis-je bien ?

CLITANDRE, à Éraste.

   C'est sans doute une galanterie
  Que quelqu'un de la compagnie,
Pour nous divertir mieux, a pris soin d'inventer.
Chacun, selon son goût, chaque jour en fait naître.
   Allons voir ce que ce peut être.

CRISPIN.

  C'est la Folie en propre original,
Vous dit-on ; de mes yeux moi-même je l'ai vue.
Nous l'avons rencontrée au bout de l'avenue,
Riant, dansant, chantant avec le Carnaval,
Avec Momus, tous trois suivis d'une cohue.
Oh ! vous allez chez vous avoir un joli bal.

CLITANDRE.

  C'est justement ce que je pense.

CRISPIN.

  On sent déjà l'effet de sa puissance.
Je ne vous dirai point ni comment ni par où ;
   Mais je sais bien qu'à sa seule présence
   Dans le château tout est devenu fou.

ÉRASTE.

Oh ! pour toi, je vois bien que tu n'es pas trop sage

SCÈNE III
LISETTE, ÉRASTE, CLITANDRE, CRISPIN.

CRISPIN.

Lisette, que voilà, ne l'est pas davantage.

ÉRASTE, à Lisette.

Qu'est-ce que tout ceci?

LISETTE.

Me le demandez-vous?
Que pourrait-ce être que la suite
De ce que la Folie a déjà fait pour nous?
Par elle ma maîtresse évite
L'hymen et les fers d'un jaloux.
Elle a trouvé tant d'art, tant de mérite
Dans cette heureuse invention
Qui facilita notre fuite,
Que c'est par admiration
Qu'elle vient vous rendre visite
Avec un cortége de fous
Les plus divertissants de tous.
A la bien recevoir, messieurs, on vous invite.
Jusqu'au jour de votre union,
Ma maîtresse consent d'être sa favorite;
Mais ce n'est qu'à condition
Que l'hymen fait, elle vous quitte.

ÉRASTE.

Elle peut demeurer autant qu'il lui plaira:
Je n'ai de son pouvoir aucune défiance;
Et je prévois que sa présence,
En nous divertissant, même nous servira.

CRISPIN.

Avec Momus la voici qui s'avance.
Joie, honneur, salut, et silence.

(Marche fort courte pour Momus et la Folie.)

SCÈNE IV
MOMUS, LE CARNAVAL, LA FOLIE, AGATHE, ÉRASTE, LISETTE, CLITANDRE, CRISPIN.

MOMUS chante.

Cette foule qui suit nos pas

Est moins folle qu'elle ne semble.
Les plus fous des mortels ne sont pas
Ceux que le plaisir rassemble.

LA FOLIE chante.

De ces agréables demeures
Le galant seigneur veut-il bien
Nous recevoir chez lui pour quelques heures,
Pour quelques jours, s'il est moyen?

(Elle parle.)

Avec entière garantie
De n'occuper que son château,
Et de ne remplir le cerveau
Que de quelque heureuse manie.

(Elle chante.)

Je le promets foi de Folie.

CLITANDRE.

Disposez de ces lieux au gré de votre envie.
Vous m'offrez un parti qui me paraît trop beau;
Avec plaisir je l'accepte, et vous êtes
La maîtresse chez moi. Madame, ordonnez, faites
Tout ce que vous voudrez; ce qui vous conviendra
Nous servira de lois; on vous obéira.

LA FOLIE.

Sur ce pied-là, je puis vous dire
Que j'y viendrai tenir, tous les ans désormais
Les états de mon vaste empire.
J'y viendrai, je vous le promets.
Pour aujourd'hui j'amène ici l'élite
De mes plus fidèles sujets,
De qui la troupe favorite
De mes noces fait les apprêts.

CLITANDRE.

De son mieux chacun s'en acquitte.

LA FOLIE.

Allons mon fiancé, monsieur du Carnaval,
Un petit air, en attendant le bal.

LE CARNAVAL chante.

Tandis, que pour quelque temps,
L'hiver interrompt la guerre,
Et que, jusques au printemps,
Mars a quitté son tonnerre,
Je viens avec vous, sur la terre,
Partager ces heureux instants.
Venez, enfants de la gloire,
Vous ranger sous mes drapeaux,
Après des chants de victoire,
Qui couronnent vos travaux,
Chanter des chansons à boire.
Évitez les trompeurs appas
Dont l'amour voudra vous surprendre :
Fuyez, et ne l'écoutez pas ;
Gardez-vous d'avoir un cœur trop tendre.

(On danse.)

MOMUS.

C'est se trémousser hardiment ;
Et voilà des folles fringantes,
Qui pourraient mett e en mouvement
Les cervelles les plus pesantes ;
Témoin monsieur du Carnaval.
Voyez de quoi cet animal s'avise,
De se charger de telle marchandise !
Baste ! l'hymen est sûr, il s'en trouvera mal.

LA FOLIE.

L'hymen est sûr ? Pas tout à fait, je pense.

LE CARNAVAL, à la Folie.

Comment donc ?

LA FOLIE, au Carnaval.

Rien n'est moins certain.

MOMUS.

Ah ! ah !

LA FOLIE.

Pour aujourd'hui j'y vois quelque apparence :
Mais je ne le voudrais peut-être pas demain.

(Elle chante.)

La, la, la.

MOMUS, à la Folie.

Tu n'as pas résolu de lui donner la main ?

LA FOLIE.

Oui-dà, très-volontiers : qu'il la prenne en cadence.

(Elle chante.)

La, la, la.

MOMUS.

Vous avez du goût pour la danse.
Oh bien! je vais danser aussi par complaisance.
Nous verrons qui s'en lassera.
Allons gai, quelque contredanse.

(Il danse.)

MOMUS, après avoir dansé.

Ma foi, je n'en puis plus.

LA FOLIE, au Carnaval.

A toi mon gros bedon,
Viens.

LE CARNAVAL.

Je ne danse point.

LA FOLIE.

Un petit rigodon :
Je t'en aimerai mieux.

LE CARNAVAL.

Non, je n'en veux rien faire.

LA FOLIE.

Oui, vous le prenez sur ce ton!
Il vous sied bien d'être en colère!
Fi ! le vilain, le triste Carnaval!
Je serais bien lotie avec cet animal!
Est-ce donc en grondant que tu prétends me plaire?
Va, je renonce à l'union,
Et j'ai mauvaise opinion
D'un Carnaval atrabilaire.

LE CARNAVAL.

Je ne le suis que par réflexion.

LA FOLIE.

Eh! quand on se marie, est-ce qu'il en faut faire?

LE CARNAVAL.

Jeune, folle, et d'humeur légère,
Avec esprit de contradiction,

Ma divine moitié, soit dit sans vous déplaire,
Vous me semblez un peu sujette à caution.

LA FOLIE.

D'accord. Rien n'est conclu, veux-tu rompre la paille ?
Ce n'est point un affront pour moi que tes refus.
    Je m'en moque; et voilà Momus,
    Qui, tout dieu qu'il est...

MOMUS.

                                    Tout coup vaille.

Je suis toujours prêt d'épouser;
Et j'enrage en effet de voir que la Folie,
    Trop facile à s'humaniser,
    S'encanaille et se mésallie,
Et qu'un simple mortel prétende en abuser
    Jusqu'au point de la mépriser.
Monsieur du Carnaval...

LE CARNAVAL.

                                    Chacun sait son affaire,

Monsieur Momus. Personne, que je croi,
    Dans tout pays n'est instruit mieux que moi
Des bons tours qu'aux maris les femmes savent
Et le temps où je règne est celui d'ordinaire [faire;
Le plus propre à couvrir un manquement de foi.
    Depuis que je suis dans l'emploi,
J'ai vu l'Hymen traité de gaillarde manière;
    Et ce que tous les jours je vois,
    Seigneur Momus, fait que je désespère
D'être exempté de la commune loi.

MOMUS.

Pauvre sot! Pourquoi donc songer au mariage?

LE CARNAVAL.

    Je suis amoureux à la rage,
Et ne puis être heureux sans devenir mari.

MOMUS.

Épouse donc sans tarder davantage;
Et de l'amour bientôt tu te verras guéri.

LE CARNAVAL.

Eh bien soit! ferme, allons, courage;

Je veux bien n'en pas appeler;
Et je suis trop en train pour pouvoir reculer.

LA FOLIE.

Holà, petit mari, lorsque de jalousie
Je te verrai l'âme saisie,
Je saurai bien t'en garantir :
Elle ne se nourrit que dans l'incertitude;
Et moi, qui ne sais point mentir,
Si je fais par hasard quelque douce habitude,
Pour te tirer d'inquiétude,
J'aurai soin de t'en avertir.

LE CARNAVAL.

Grand merci.

MOMUS.

Rien n'est plus honnête.

LA FOLIE.

Je suis franche.

LE CARNALAL.

Achevons la fête,
Au hasard de m'en repentir.
Je sais le monde, et ne suis pas si bête
Que, lorsqu'il me viendra quelque chagrin en tête,
Je ne trouve aisément de quoi le divertir.
Allons, pour plaire à la Folie,
Que chacun avec moi s'allie.

LA FOLIE.

Il va se mettre en train. Ah! le joli garçon!

LE CARNAVAL.

M'aimeras-tu?

LA FOLIE.

C'est selon la chanson.

LE CARNAVAL chante.

L'hymen en ma faveur allume son flambeau.
Je suis charmé de ma conquête.
Amour, viens honorer la fête,
Et couronner un feu si beau.

MOMUS chante au Carnaval.

L'hymen en ce beau jour t'apprête
Une couronne de sa main;

Tu t'en repentiras peut-être dès demain.
Souvent, quoique l'Amour soit prié de la fête,
Il ne l'est pas du lendemain.

LE CARNAVAL chante.
Si l'amour volage s'envole,
Et veut me quitter sans retour,
Viens, Bachus, c'est toi qui console
De l'inconstance de l'Amour.

MOMUS.
La chanson est jolie.

LA FOLIE.
Oui, j'en suis fort contente.
Il me plaît assez quant il chante;
Et, s'il ne s'était pas présenté pour mari,
J'en aurais fait peut-être un favori :
La musique me prend, j'ai du faible pour elle.

MOMUS.
On vous la donne telle quelle,
Sans y chercher trop de façon.
Allons, à votre tour : prenez bien votre ton.

Entrée.

LA FOLIE chante.
Mortels, que le sort le plus doux
Sous mon vaste empire a fait naître,
Quelle fortune est-ce pour vous,
Quand vous savez bien le connaître?
Les plus heureux sont les plus fous;
Gardez-vous de cesser de l'être,

Entrée.

(Danse en dialogue entre Momus et la Folie.)

LA FOLIE.
Momus!

MOMUS.
Plaît-il?

LA FOLIE.
Tu m'as aimée?

MOMUS.
Un peu.

LA FOLIE.
Beaucoup.

MOMUS.
Trop tendrement.

LA FOLIE.
De toi j'avais l'âme charmée.

MOMUS.
Pourquoi donc prendre un autre amant?

LA FOLIE.
J'ai dû changer.

MOMUS.
Pourquoi, je te prie?

LA FOLIE.
Pour te faire enrager.

MOMUS.
L'excuse est jolie!

LA FOLIE.
Volage !

MOMUS.
Ingrate!

LA FOLIE.
Ah! ah!

MOMUS.
Tu ris de mon tourment?

LA FOLIE.
Bon! si j'en usais autrement,
Je ne serais pas la Folie.

MOMUS.
S'il est des fous heureux, il ne le sont pas tous :
Et vous allez en voir un d'une espèce
Autant à plaindre...

LA FOLIE.
Qui serait-ce?

MOMUS.
Monsieur Albert.

ÉRASTE.
Ah ciel!

AGATHE.
C'est mon jaloux.

MOMUS.

Justement; un vieux fou qui cherche sa maîtresse;
   Et cette maîtresse c'est vous.

LA FOLIE.

   Qu'il entre, je veux bien l'entendre.

AGATHE.

Eh quoi! madame, au lieu de le faire chasser...

ÉRASTE, a la Folie.

Je vous conjure au nom de l'amour le plus tendre...

LA FOLIE, a Éraste.

   Vous l'avez prise, il faut la rendre.
  Mon pauvre ami.

ÉRASTE.

     Rien ne m'y peut forcer.

LA FOLIE.

   L'un des deux doit y renoncer;
Et le plus fou des deux de moi doit tout attendre.

ÉRASTE.

Je suis perdu, ciel!

LA FOLIE.

     Non, vous y devez prétendre
  Plus que vous ne pouvez penser.
 Je me déclare en ceci votre amie;
Et c'est être plus fou qu'un autre, assurément,
   De prendre sérieusement
  Ce qu'en riant dit la Folie.

ÉRASTE.

Madame...

AGATHE.

   Vous cherchiez à nous embarrasser.

LISETTE.

La chose n'était pas trop facile à comprendre.
Voici le loup-garou.

SCÈNE V

ALBERT, AGATHE, LISETTE, MOMUS, LE
CARNAVAL, LA FOLIE, CLITANDRE,
ÉRASTE, CRISPIN.

ALBERT, à Momus.
Je crains de me méprendre.
A qui monsieur, me faut-il adresser?

MOMUS.
Vous voyez votre souveraine.

LA FOLIE.
Ah! le plaisant magot! Que veux-tu? qui t'amène?

ALBERT.
Une ingrate que j'aime, et qu'un godelureau
Est venu m'enlever jusque chez moi, madame.
On m'a dit qu'elle était ici; je la réclame.
Je la vois; permettez...

AGATHE, à Albert.
Tout beau monsieur, tout beau!
Dans vos prétentions quel droit vous autorise?

LISETTE.
Voyons.

ALBERT.
Entre mes mains vos parents vous ont mise.

AGATHE.
Ils ont fait un beau coup, vraiment!
Mais, pour réparer leur sottise,
La Folie et l'Amour ont fait adroitement
Réussir l'heureuse entreprise
Qui m'a rendue à mon premier amant :
Il m'a conduite en ce lieu de franchise,
Où sans crainte on peut dire vrai :
Je l'aime autant que je vous hai.

ALBERT.
Je le vois bien.

LA FOLIE, à Agathe.

La favorite,
C'est parler net et clairement;
Et je suis dans l'étonnement
D'avoir une fille à ma suite
Qui s'explique si sensément.

(A Albert.)

Sais-tu, mon bon ami, quel parti tu dois prendre?

ALBERT.

Parlez. De vos conseils je me fais une loi.

LA FOLIE.

Ou te consoler, ou te pendre.

ALBERT.

Me consoler!

LA FOLIE.

Je parle contre moi.
D'extravagant je veux te rendre sage.
Te consoler est le meilleur pour toi :
Te pendre nous plaît davantage.

ALBERT.

Mais pour me consoler que faut-il faire?

LE CARNAVAL.

Boi.

(Le Carnaval chante à Albert.)

Infortuné, veux-tu m'en croire?
Renonce aux plaisirs amoureux :
Prend le parti de boire;
Laisse là l'hymen et ses feux.
La jeunesse a seule en partage
L'amour et les tendres désirs;
Mais tu peux encore à ton âge
Suivre Bacchus et ses plaisirs.

ALBERT.

Parbleu, j'y veux passer le reste de ma vie
Sans être amoureux ni jaloux.

(A la Folie.)

Madame, je vous remercie.

LA FOLIE, à Éraste.

Monsieur, de mon aveu vous serez son époux.

ALBERT.

Le bon vin désormais sera seul mon envie ;
Il faut que ce soit lui qui nous réconcilie :
Je brûle d'en boire avec vous ;
Dure éternellement ma nouvelle folie !

Chanson en branle.

Tous les mortels nous font hommage,
Les plus sagés et les plus fous ;
En tous lieux, tout temps, et tout âge,
Aucun d'eux n'échappe à nos coups.
Lorsque l'on change dans la vie
De goût, d'humeur ou de façon,
Est-ce devenir sage ? non ;
Ce n'est que changer de folie.

Damon, jeune, avait la manie
De vouloir mourir vieux garçon ;
A trente ans, il passait sa vie
Plus retiré qu'un vieux barbon :
Puis à soixante il se marie,
Et devient courtisan, dit-on.
Est-ce devenir sage ? non ;
Ce n'est que changer de folie.

Un amant las d'une cruelle,
Dont il essuya les refus,
Dompte l'amour qu'il a pourelle
Et se donne tout à Bacchus ;
Dans les flots du vin il oublie
L'amour qui troubla sa raison.
Est-ce devenir sage ? non ;
Ce n'est que changer de folie.

Un blondin à leste équipage,
Grand adorateur de Vénus,
Dissipe d'un gros héritage
Le fonds avec les revenus ;
Puis à la vieille riche il s'allie,
Afin de se remettre en fond.
Est-ce devenir sage ? non ;
Ce n'est que changer de folie

Chacun où son plaisir l'appelle
Se porte dans le carnaval,
Soit au jeu, soit près d'une belle,
L'un au cabaret, l'autre au bal.
Vous venez à la comédie
Quand un opéra n'est pas bon.
Est-ce devenir sage ? non;
Ce n'est que changer de folie.

FIN

LES SOUHAITS

PERSONNAGES

MERCURE.	POISSON, ⎱ comédiens
UNE NOUVELLE MARIÉE.	LA THORILLIÈRE. ⎰ de campagne
UNE SUISSESSE.	MARS, joué par La Thorillière.
UNE FILLE, en cavalier gascon.	VULCAIN, joué par Poisson.
UN NAIN, en vieillard.	VÉNUS.
L'HOMME DE BONNE CHÈRE.	SUITE DE CYCLOPES.

Le théâtre représente une foire ou une assemblée de plusieurs personnes de différentes nations. Mercure entre, suivi de tous ceux
qui viennent lui demander l'accomplissement de leurs souhaits.

MARCHE.

MERCURE, chantant.

Venez, venez, peuples divers,
Accourez à ma voix des bouts de l'univers :
Le dieu qui lance le tonnerre
Remet aujourd'hui dans mes mains
Le bonheur de la terre,
Et le sort de tous les humains.
Ne vous plaignez donc plus des malheurs de la vie,
Mortels ; je veux vous rendre heureux :
Formez tous des souhaits au gré de votre envie ;
Je comblerai vos vœux,
Si pour votre repos ils sont avantageux.

SCÈNE I

UNE NOUVELLE MARIÉE, MERCURE.

LA MARIÉE.

Je m'offre la première, étant la plus pressée.
En vous disant d'abord que je suis mariée,

Vous devinez assez que je viens vous prier
    De vouloir me démarier.
Ne rendez point ma demande frivole,
Et, pour le bien commun, changez tous les maris ;
    Je vous porte ici la parole
Pour tout le corps des femmes de Paris.

MERCURE.

Je le crois aisément ; mais je me persuade
    Que, de leur côté, les époux,
    Pour obtenir même grâce que vous,
    Vont m'envoyer même ambassade.

LA MARIÉE.

Ils n'en ont pas tant de raisons que nous.

MERCURE.

Comptez-vous bien du temps depuis que l'hyménée
Au sort de votre époux joint votre destinée ?

LA MARIÉE.

Quinze jours ; mais, avant ce choix si malheureux,
J'étais, en moins d'un mois, déjà veuve de deux :
Sitôt que l'un fut mort, par grâce singulière,
Un autre à succéder aussitôt fut admis ;
Celui-ci mort, un autre en sa place fut mis,
    Croyant mieux trouver et mieux faire :
Mais, hélas ! j'ai toujours été de pis en pis.
Le premier se trouva brutal jusqu'à l'extrême ;
Le second plus brutal, et très-jaloux, de plus ;
L'autre est jaloux, brutal, ivrogne au par-dessus ;
    Je veux voir si le quatrième
    Pourrait avoir quelques vertus,
    Sauf à recourir au cinquième.

MERCURE.

Mais pour vous fournir de maris
Seulement pendant une année,
De l'humeur dont vous êtes née,
Vous épuiseriez tout Paris.

LA MARIÉE.

Je veux, pour en trouver un à ma fantaisie,
En changer, si je puis, tous les jours de ma vie.

MERCURE.

Je rebute vos vœux, et j'ai pitié de vous ;
Il vous arriverait, dans votre rage extrême,
   Si vous preniez un quatrième,
Qu'il aurait à lui seul tous les défauts de tous,
Et qu'il pourrait encor vous assommer de coups,
Et ferait bien, cela ne soit dit qu'entre nous,
Pour vous ôter l'espoir de songer au cinquième.

LA MARIÉE.

De mon sort, en un mot, vous plaît-il d'ordonner ?

MERCURE.

   Votre vœu n'est pas impétrable.
Faisant place à quelqu'un qui soit plus raisonnable,
Ecoutez le conseil que je vais vous donner.

AIR :

   Le mariage
   Est un hommage
   Que chacun à son tour
   Peut rendre à l'Amour.
   Mais quand un doux veuvage
   Assure un heureux sort,
   Ce n'est pas être sage
   D'affronter de nouveau l'orage,
   Quand on est au port.

SCÈNE II

UNE SUISSESSE ; UN NAIN, en vieillard ;
MERCURE.

LA SUISSESSE, à Mercure.

Vous voyez deux amants dont la taille diffère :
La nature dans l'un prodigua sa matière,
Et dans l'autre elle fut avare de ses biens ;
   Cependant, ne pouvant mieux faire,
Nous voulons de l'hymen contracter les liens.
   Mais chacun, par avance,
   Rit de cette alliance ;
Et je viens vous prier, par un souhait nouveau,
De vouloir bien tous deux nous mettre de niveau.

MERCURE.

Voilà du dieu d'amour l'ordinaire injustice;
    Il se plaît, sous un joug d'airain,
D'asservir bien souvent deux amants de sa main,
Fort différents d'humeur, de taille et de caprice;
    Puis il en rit le lendemain.

LE NAIN.

Je ne sais pas pourquoi dans mon choix on me blâme.
Un grand homme souvent épouse un avorton :
    Je puis, par la même raison,
    Epouser une grande femme,
    Sans crainte du qu'en-dira-t-on.
Je sais qu'elle n'est pas sur ma forme taillée;
    Mais je ne suis pas le premier
Qui prend pour femme, et sans s'en méfier,
    Une fille dépareillée.

LA SUISSESSE.

    Nous craignons fort que nos enfants
    N'aient pas la forme ordinaire.
Si la nature un jour les mesure à leur mère,
    Ils pourront être des géants;
    Si d'ailleurs ils tiennent du père,
    Les risques n'en sont pas moins grands;
    Ce ne seront que des idées,
    Ou du moins des nains étonnants,
    Et qui n'auront pas deux coudées.
Mais, pour nous égaler dans un tel différend,
Faites-moi plus petite, ou le faites plus grand.

MERCURE.

La raison est choquée aux souhaits que vous faites :
    Mariez-vous tels que vous êtes.
A porter des géants ses flancs sont destinés :
Et de là je conclus, sans être philosophe,
Que sa fécondité doit vous fournir assez
Ce qui, de votre part, pourra manquer d'étoffe,
Et vos enfants seront bien proportionnés.

LE NAIN.

Mais cependant, sans vous déplaire.

Cela gâterait-il quelque chose à l'affaire,
Si j'avais sur ma tête encore un pied de plus?

MERCURE.

Sur ce point laisse agir ta femme :
Si j'en juge aux regards de cette bonne dame,
Tes vœux ne seront point déçus ;
Quand tu seras époux, tu deviendras peut-être
Plus grand que tu ne voudrais être.

(A la Suissesse.)

Pour vous, écoutez bien ma chanson là-dessus.

AIR :

Un mari toujours embarrasse :
Heureuse celle qui s'en passe !
On n'en a pas comme on les veut.
Vous en pourrez trouver qui seront plus de mise :
Mais de mauvaise marchandise
Il ne s'en faut charger que le moins que l'on peut.

SCÈNE III

UN HOMME de bonne chère, ou un buveur, MERCURE.

L'HOMME de bonne chère.

Vous voyez un garçon qui du bien fait usage,
Assez bien nourri pour son âge :
Je n'ai pas encore vingt ans,
Et j'espère dans peu profiter davantage.
Cet embonpoint des plus brillants,
Qui fidèlement m'accompagne,
Est pétri de mets succulents,
Et byroé de vin de Champagne.

MERCURE.

La teinture en est bonne, et durera longtemps.

L'HOMME de bonne chère.

Cependant, croiriez-vous ce que je vais vous dire?
Avec cet embonpoint des autres souhaité,
Souvent je manque de santé.

MERCURE.

Bon ! je crois que vous voulez rire :
Vous n'avez point d'affaire avec la Faculté.

L'HOMME de bonne chère.
Mon plaisir unique est la table ;
Je m'y plais à passer les nuits :
Mais, lorsque trop longtemps j'y suis,
Un désir de dormir m'accable.
En vain, pour le chasser, je fais ce que je puis.
Quand j'ai seulement bu mes neuf ou dix bouteilles,
Certain mal de tête me prend,
Sous moi mon pied est chancelant,
Et j'ai des vapeurs sans pareilles ;
Il me prend un dégoût pour tout ce qu'on me sert,
Plus de faim, plus de soif, plus d'appétit ouvert.
Dans cette affreuse maladie,
Je me traîne à mon lit sans me déshabiller :
Là, je dors sans donner aucun signe de vie ;
Et je demeure en cette léthargie
Jusques au lendemain, sans pouvoir m'éveiller.
MERCURE.
S'il est ainsi, vous êtes bien malade.
Et ce mal vous prend-il bien ordinairement?
L'HOMME de bonne chère.
Une fois par jour réglément.
MERCURE.
Oui! vous êtes plus mal qu'on ne se persuade.
L'HOMME de bonne chère.
Je viens vous demander, pour vivre heureusement,
Un meilleur estomac, un ventre plus capable.
Une faim qui s'irrite à table.
Et qui puisse porter l'effroi dans tous les plats,
Et surtout une soif que rien ne puisse éteindre.
MERCURE.
Homme, ou tonneau, je ne t'écoute pas ;
Serait-ce t'obliger qu'avancer ton trépas?
Eh ! de moi tu devrais te plaindre.
Ton souhait est impertinent ;
Cherche une demande meilleure.
Tu crèveras avant qu'il soit un an ;
Et, si j'étais à tes vœux complaisant,
Tu crèverais avant qu'il fût une heure.

L'HOMME de bonne chère.

Quoi ! je n'aurai donc point de vous d'autre raison ?

MERCURE.

A ce propos, écoute ma chanson.

AIR :

Ami, je condamne l'usage
De ceux qui mettent tous leurs soins
A voir dans un repas qui boira davantage,
Et qui vivra le moins.
Buvez tant que d'Iris vous perdiez la mémoire,
Vous gagnerez beaucoup ;
Alors je vous permets de boire,
Pour célébrer votre victoire,
Encore un coup.

SCÈNE IV

UNE FILLE, en cavalier gascon ; MERCURE.

LE GASCON.

Cadédis, monsieur de Mercure,
Je ne viens point faire de vœux,
Comme font tous ces malheureux ;
J'ai tout reçu de la nature.
Je suis plus noble que le roi,
Et je ne le cède à personne ;
Ma noblesse est plus vieille et plus pure, je croi,
Que les sources de la Garonne.
J'ai plus d'esprit cent fois qu'il ne me faut ;
Ma taille est des plus à la mode ;
Je ne vois en moi nul défaut ;
Mais trop de valeur m'incommode.

MERCURE.

Oh ! oh ! cet homme a le sang chaud.
En ce temps de désordre, où l'on voit sur la terre
Régner le démon de la guerre,
Vous avez de quoi batailler.

LE GASCON.

D'accord : mais les hivers on ne peut chamailler.
Ce repos m'ennuie et me gêne :
Le sang me bout de veine en veine ;
Je voudrais qu'il me fût permis,

Pour me tenir bien en haleine,
De me battre en duel contre mes ennemis,
Trois fois seulement par semaine.

MERCURE.

Vous êtes-vous battu parfois ?

LE GASCON.

Non, ou je mens ;
Mais, certes, je m'en meurs d'envie.

MERCURE.

Ce métier à la longue ennuie,
Lasse, et ne nourrit pas son maître bien longtemps.

LE GASCON.

Lorsque je l'aurai fait dix ans,
Je me reposerai le reste de ma vie.

MERCURE.

Ce souhait est vraiment nouveau,
Et je ne vois rien de si beau
D'aller à tout venant offrir la carte blanche :
Mais, si vous commenciez lundi
Ce jeu digne d'un étourdi,
A peine iriez-vous au dimanche.

LE GASCON.

Vous vous raillez, je crois. Remplissez mon souhait :
Ce m'est un jeu quand je m'exerce
A pousser la quarte et la tierce,
Et faire une passe au collet :
Du sort d'un ennemi je suis toujours le maître ;
Et, dans un combat singulier,
Je force à demander quartier,
Quelque brave que ce puisse être.

MERCURE.

Quelque mortels que soient vos coups,
Je connais, à votre visage,
Que bien des gens voudraient posséder l'avantage
D'en venir aux mains avec vous.
Malgré l'habit qui me cache vos charmes,
Vous ne sauriez m'imposer en ce jour :
Vous vous imaginez être fait pour les armes,
Et vous êtes fait pour l'amour.

LE GASCON.

Il faut donc que je me retranche
Aux exploits que ce dieu m'offrira désormais,
    Et que je prenne ma revanche
    Sur des cœurs qui n'en pourront mais.

SCÈNE V

POISSON, LA THORILLIÈRE, comédiens de
campagne; MERCURE.

LA THORILLIÈRE.

Avec tous les respects que la divinité
    Exige de l'humanité,
    Nous venons rendre notre hommage,
    Et profiter de l'avantage
    Qui par vous nous est présenté.

POISSON.

    Seigneur Mercure, en vérité,
    En voyant ce noble équipage
    Qui vous sert à faire voyage,
On ne vous prendra pas, à moins d'être hébété,
    Pour un messager de village;
    Mais cette noble majesté
    Qui... je n'en dis pas davantage,
    De crainte de prolixité.

MERCURE.

    Venons au fait, et point tant de langage.

LA THORILLIÈRE.

Des bords fameux du Pô, jusqu'aux rives du Rhin,
Dans les troupes toujours cherchant un beau destin,
De lauriers éclatants nous avons ceint nos têtes,
Et près du sexe même étendu nos conquêtes.
    Le sceptre est souvent en nos mains;
Et vous voyez en nous, par le fruit de nos peines,
    Ce que les Grecs et les Romains
    Ont eu de plus grands capitaines.

MERCURE.

Oui! mais, s'il est ainsi, comme on n'en peut douter,
Que vous peut-il encor rester à souhaiter?

LA THORILLIÈRE.

Rassasiés de gloire et de ses dons frivoles,
  Comme sont enfin les héros,
Ayant dans l'univers joué les premiers rôles,
  Nous cherchons un peu de repos.
  L'honneur partout nous accompagne ;
Mais nous sommes d'ailleurs fort dénués de biens,
  Car nous sommes comédiens.

POISSON.

Et comédiens de campagne.

MERCURE.

J'aime les gens de cet emploi.
Parlez, que voulez-vous de moi ?

LA THORILLIÈRE.

Vous savez que notre espérance,
Le but de nos travaux est d'être un jour admis
  Dans cette troupe de Paris
  Où l'on vit avec abondance :
On emploie à cela l'argent et les amis.

POISSON.

C'est pour nous le bâton de maréchal de France.

LA THORILLIÈRE.

C'est donc où se bornent nos vœux,
Et ce qui peut nous rendre heureux.

MERCURE.

Pour m'assurer si le vœu que vous faites
  Vous est avantageux ou non,
  Il faudrait de ce que vous êtes
  Me donner quelque échantillon.
Quel rôle faites-vous ?

POISSON.

Jadis dans le comique
Mon camarade et moi nous avions du crédit ;
Mais, pour faire en tout genre admirer notre esprit,
Nous chaussons maintenant le cothurne tragique,
Et je fais le héros des mieux, à ce qu'on dit.

LA THORILLIÈRE.

Pour peu que vous vouliez en passer votre envie,
Nous jouerons un fragment pris d'une tragédie,

Dont les vers, faits par moi, furent très-bien reçus :
Elle a nom, *Les Amours de Mars et de Vénus.*
Et ce n'est proprement qu'un trait de parodie
    D'une scène d'Iphigénie,
Quand Achille en fureur insulte Agamemnon.
    Pour moi, quand je travaille,
J'aime mieux imiter certains auteurs de nom,
Qu'en produisant de moi, ne rien faire qui vaille.

MERCURE.

Vous avez fort bonne raison.

POISSON.

Ordonnez donc, seigneur Mercure,
Que les musiciens, avec leurs violons,
Vous fredonnent une ouverture,
Et dans peu nous commencerons.

SCÈNE VI

VÉNUS, VULCAIN, Suite de cyclopes.

PARODIE

VULCAIN.

Assez et trop lengtemps ma lâche complaisance
De vos déportements entretient la licence,
Madame ; je ne puis les souffrir plus longtemps :
Et Mars fait voir pour vous des feux trop éclatants.

VÉNUS.

Ne cesserez-vous point, dans votre humeur farouche,
De m'immoler sans cesse à vos transports jaloux ?

VULCAIN.

Vous immolez ma tête aux malheurs d'un époux,
    Et le mal d'assez près me touche.

VÉNUS.

Vous ne méritez pas l'amour qu'on a pour vous.

VULCAIN.

On ne m'abuse point par de fausses caresses ;
Je sais ce que je dois croire de vos discours.

VÉNUS.

Que manque-t-il à vos tendresses ?
Vous avez épousé la mère des Amours.

VULCAIN.

Et c'est là ma douleur amère !
Des Amours vous êtes la mère ;
Et moi, Vulcain, qui suis par malheur votre époux,
J'en devrais être aussi le père, ce me semble :
    Cependant, au dire de tous,
De tant d'enfants aucun ne me ressemble ;
    Et les mortels, dans leurs discours,
Ne m'appellent jamais le père des Amours.

VÉNUS.

Il serait beau, vraiment, que de votre visage
    Mes enfants eussent quelques traits ;
    Vous n'avez pas assez d'attraits
    Pour leur souhaiter votre image.
    Que dirait tout le genre humain,
    Si, de notre couche féconde,
    Il voyait voler dans le monde
    Des Amours forgés par Vulcain ?

VULCAIN.

C'est trop insulter à ma peine.
A son appartement, gardes, qu'on la ramène.
    Et qu'on l'empêche d'en sortir.

VÉNUS.

Quoi ! vous voulez, par cette violence,
    Forcer mon cœur à vous haïr !

VULCAIN.

Vous avez trop longtemps lassé ma patience.
Je parle, j'ai parlé ; c'est à vous d'obéir.
    (Les deux cyclopes emmènent Vénus.)

SCÈNE VII

VULCAIN, seul.

Faut-il, cruel hymen, que, tout dieux que nous som-
                                                    [mes,
Nous ressentions tes coups comme les autres hom-
                                                    [mes ?

SCÈNE VIII

MARS, VULCAIN.

MARS.

Un bruit assez étrange est venu jusqu'à moi,
Seigneur; je l'ai jugé trop peu digne de foi.
On dit, et sans horreur je ne puis le redire,
Qu'exerçant sur Vénus un rigoureux empire,
Et vous-même étouffant tout sentiment d'époux,
Vous voulez l'immoler à vos transports jaloux.
Contre ses volontés par vos soins retenue,
Vous la faites, dit-on, ici, garder à vue.
On dit plus; on prétend que cette dure loi
N'est donnée en ces lieux, n'est faite que pour moi.
Qu'en dites-vous, seigneur? que faut-il que j'en pense?
Ne ferez-vous point taire un bruit qui nous offense ?

VULCAIN.

Seigneur, je ne rends point compte de mes desseins:
Ma femme ignore encor mes ordres souverains;
Et, quand il sera temps qu'elle soit enfermée,
Vous en serez instruit avec la renommée.

MARS.

Et vous pourriez, cruel, la maltraiter ainsi!

VULCAIN.

De vos secrets complots je suis trop éclairci:
Vos discours me font voir ce que j'avais à craindre,
Et vos lâches amours ne sauraient se contraindre.

MARS.

Seigneur, je ne rends point compte de mes amours:
Vénus ignore encor quel en sera le cours;
Et, quand il sera temps, par vous ou par un autre,
Elle apprendra son sort, et vous saurez le vôtre.

VULCAIN.

Ah! je sais trop le sort que vous me réservez.

MARS.

Pourquoi le demander, puisque vous le savez?

VULCAIN.

Pourquoi je le demande! ô ciel! le puis-je croire,
Qu'on ose des ardeurs avouer la plus noire?

Vous pensez qu'approuvant vos feux injurieux,
Je vous laisse achever ce complot à mes yeux?
Que ma foi, mon honneur, mon amour y consente?

MARS.

Mais vous, qui me parlez d'une voix menaçante,
Oubliez-vous ici qui vous interrogez?

VULCAIN.

Oubliez-vous qui j'aime et qui vous outragez?

MARS.

C'est pour le bien commun qu'ici mon zèle brille.

VULCAIN.

Et qui vous a chargé du soin de ma famille?
Avez-vous sur ma femme acquis des droits d'époux?
Et ne pourrai-je...

MARS.

Non, elle n'est pas à vous.
En épousant Vénus, cette belle déesse,
Vous saviez que son cœur, sensible à la tendresse,
Ne se refusait pas aux transports les plus doux:
A ces conditions vous fûtes son époux.
Si, depuis, des amants la troupe favorite
A pris chez vous des droits dont votre cœur s'irrite,
Accusez-en le sort et le ciel tout entier,
Jupiter, Apollon, et vous tout le premier.

VULCAIN.

Moi!

MARS.

Vous qui, dès longtemps, mari doux et docile,
Pour moi seul aujourd'hui devenez difficile:
Vous vous avisez tard de devenir jaloux;
Et Mars peut, comme un autre, être reçu chez vous.

VULCAIN.

Juste ciel! puis-je entendre et souffrir ce langage?
Est-ce ainsi qu'au mépris on ajoute l'outrage?
Moi, pour le bien commun, j'aurais pris femme exprès,
Et serais seulement époux *ad honores* !
Des plaisirs du public lâche dépositaire,
Je ferais de l'hymen un trafic mercenaire

Je ne connais ni dieux, ni mortels favoris ;
Ma femme est à moi seul, et n'en veux qu'à ce prix.

MARS.

Fuyez donc ; retournez dans vos grottes ardentes
Forger à Jupiter des armes foudroyantes ;
Fuyez. Mais si Vénus ne paraît aujourd'hui ;
Malheur à qui verra tomber mon bras sur lui !

VULCAIN.

Je tiens à Jupiter par un nœud qui l'engage
A me mettre à l'abri de votre vaine rage :
Mais, lorsque je voudrai la cacher à vos yeux,
Je percerai le sein des antres les plus creux.
Là, bravant vos efforts, et nageant dans la joie,
Je saurai de vos mains arracher cette proie.

MARS.

Rendez grâce au seul nœud qui retient mon courroux ;
De votre femme encor je respecte l'époux.
Je ne dis plus qu'un mot ; c'est à vous de m'entendre.
J'ai mon amour ensemble et ma gloire à défendre :
Pour aller jusqu'aux lieux que vous voulez percer,
Voilà par quel chemin il vous faudra passer.

SCÈNE IX

VULCAIN, seul.

Et voilà ce qui doit avancer ma vengeance.
Ton insolent amour aura sa récompense.
Holà, gardes, à moi. Mais tout beau, mon courroux !
Ne précipitons rien.

(Aux cyclopes.)
Venez, suivez-moi tous.

SCÈNE X

MERCURE, LA THORILLIÈRE, POISSON

LA THORILLIÈRE.

Vous voyez maintenant si c'est nous faire grâce
De nous accorder une place
Que le mérite seul peut nous faire espérer.

MERCURE.

Messieurs, je ne sais que vous dire :
Vos talents n'ont pas su sur moi trop opérer.
Le métier d'un tragique est de faire pleurer ;
Et chacun, vous voyant, s'est éclaté de rire.
Retournez en province ; et suivez mon avis ;
    Là, vous serez admirés et chéris :
Vous n'auriez pas peut-être ici cet avantage.
Il vaut mieux être enfin le premier au village,
    Qu'être le dernier à Paris.

POISSON.

    Après une telle injustice,
Paris de mes talents ne profitera pas ;
    Et je m'en vais, tout de ce pas,
    Me faire comédien suisse.

MERCURE.

Mortels, jusqu'à présent nul n'a demandé rien
    Que je lui puisse accorder pour son bien.
        Je vois bien que chacun s'empresse
        De requérir, avec grand soin,
Les plaisirs, le bon vin, les honneurs, la richesse :
Mais nul n'a souhaité la vertu, la sagesse :
Et c'est dont vous avez tous le plus de besoin.
Ne formez donc plus tant de souhaits inutiles :
Les dieux vous trahiraient, s'ils étaient trop faciles.
Sans redouter le sort, mettez tout dans sa main :
Riez, chantez, dansez, livrez-vous à la joie ;
Profitez chaque jour des biens qu'il vous envoie ;
Laissez à Jupiter le soin du lendemain.

(Les suivants de Mercure forment une contredanse qui finit la comédie.)

FIN

TITRES DES CHANSONS, TIMBRES DES AIRS.	MUSIQUE DE	PIÈCES, AUTEURS.
Ah! riguingo! — Ronde enfantine.	Anonyme	Anonyme
Ah! si j'étais p'tite alouette grise!	—	—
Ah! s'il est dans notre village un berger . . .	CHARDINI	FLORIAN
Ah! tu sortiras, biquette, biquette	Anonyme	Anonyme
Ah! voilà la vie suivie que les moines font. . .	—	—
Ah! vous dirai-je, maman?	RAMEAU	—
Aimable et belle, à ma voix, un cœur fidèle.	DALAYRAC	*Adolp. Clara*
Aimez, vous avez quinze ans	ROUSSEAU	MONCRIF
A la fête du hameau.	DUMINIL	DUMINIL
Alexis, depuis deux ans adorait Glycère. . .	ROUSSEAU	DELABORDE
Allez-vous-en, gens de la noce, chacun chez vous.	RAMEAU	Anonyme
Allons danser sous les ormeaux.	ROUSSEAU	*Devin*
Amant (l') discret. — Dans ma cabane obscure.		Latteignant
Amants qui vous plaignez des rigueurs, etc.	GRÉTRY	*Midas*
Amaryllis. — Tu crois, ô beau soleil... (1620).	LOUIS XIII	Anonyme
Ami (l') du plaisir.—Je ne suis né roi ni prince.	MOURET	HAGUENIER
Ami, laisse la tendresse.	MONSIGNY	*Roi et Ferm.*
Amis, ne vous effrayez pas	DALAYRAC	*Camille*
Amitié (l') vive et pure.	GRÉTRY	*Colinette*
Amour (l') captif. — Sous un ormeau.	PHILIDOR	FAVART
Amour (l') charmait ma vie.	ALBANÈSE	LA HARPE
Amour (l') est un enfant trompeur	MARTINI	BOUFFLERS
Amour (l') fuit les lambris dorés	MONSIGNY	*Aline*
Amour me tient en servage	ROUSSEAU	DE LEYRE
Annette, à l'âge de quinze ans.	MARTINI	*Annette*
A Paris, loin de sa mère.	GAVEAUX	*Traité nul*
A peine aux autels.	SALIERI	*Danaïdes*
A quatorze ans qu'on est novice!	Anonyme	GRESSET
Arbre charmant qui me rappelle.	DEVIENNE	FLORIAN
Arlequin et Polichinelle. — Ronde enfantine.	Anonyme	Anonyme
A Roncevaux.—Chœur, avec notice historique.	GRÉTRY	*Guil. Tell*
A Toulouse il fut une belle. Clémence Isaure.	DEVIENNE	FLORIAN
A trompeur trompeur et demi.	Anonyme	PANARD
Au bien suprême je touchais.	GRÉTRY	*Lucile*
Au bord d'une fontaine.	ALBANÈSE	BERTAUT
Au cabaret. — A boire je passe ma vie. . . .	ERMEL	LUCET
Au clair de la lune, mon ami Pierrot	LULLI	LULLI
Au joli mois de mai, vive la rose!	Anonyme	Anonyme
Au noir chagrin qui me dévore.	PICCINNI	*Didon*
Auprès de Barcelone.—Un jour de cet automne	DALAYRAC	*La Soirée*
Aussitôt que je t'aperçois mon cœur bat, etc.	—	*Azénia*
Aussitôt que la lumière a redoré nos coteaux.	Anonyme	Mlle ADAM
Autant en emporte le vent.	CAMPRA	DORAT
Auvergnats (les). — Au fond d'un bois. . . .	GRÉTRY	*Le Rival*
Aux plaisirs! aux délices!	GUÉDRON	Anonyme
Avant d'avoir vu ce mortel.	DALAYRAC	*Roméo*
Aventure (l') de Manon.	DUMINIL	AUDE
Avoine (l'). — Ancienne ronde populaire. . .	Anonyme	Anonyme
A voyager passant sa vie, un vieillard. . . .	SOLIÉ	SÉGUR
Avril, l'espoir des mois et des bois	ROUSSEAU	Gal BERNARD

TITRES DES CHANSONS, TIMBRES DES AIRS.	MUSIQUE DE	PIÈCES, AUTEURS.
B		
Babet, que t'es gentille!	PHILIDOR	SEDAINE
Bacchus chez Grégoire	RAMEAU	PANARD
Ballet (le) des Savoyards.	Anonyme	Anonyme
Barque (la) à Caron. — Ah! que l'amour...	—	GOUFFÉ
Beau (le) laurier de France. Ronde enfantine.	—	Anonyme
Beau (le) Léandre.		
Bégayeur (le). — Pour nous mettre en train.	Anonyme	PANARD
Bélisaire (la romance de)	GARAT	LEMERCIER
Belle Bourbonnaise (la)	Air italien	Anonyme
Belle (la) lavandière.	—	DE LOULAY
Belle rose que j'arrose.	FLOQUET	DE CHABANE
Béni soit Dieu: l'année est bonne! (16º siècle).	Anonyme	VOITURE
Berger (le) patient. — J'aime une ingrate. . .	LUSSE	FAVART
Berger (le) roi. — Sur un trône de fougère. .	Anonyme	Anonyme
Bizarreries (les).	ROUSSEAU	COLLÉ
Bois épais, redouble ton ombre.	LULLI	Amadis
Bois (le) joli, Mesdames. — Devinez!	Anonyme	Anonyme
Bonjour, mon ami Vincent, la tante, etc. . .	—	—
Bonne aventure (la), o gué!	CHARDINI	DANCOURT
Bonnet (le). — Air du Ballet des Pierrots. .	Anonyme	ARTIGNAC
Bon roi Dagobert (le). — Avec notice. . . .	—	Anonyme
Bonsoir, la Compagnie!	PHILIDOR	Latteignant
Bon (le) vieux temps. — Chacun, etc. (1482).	Anonyme	D'AUVERGNE
Bon (le) vin, la franche gaité sont à table. —	—	Anonyme
Bossus. — Depuis longtemps je me suis aperçu.	—	SANTEUL
Boudoir d'Aspasie (le).	CAMPRA	DUMINIL
Boulangère (la) a des ecus	Mondouville	GALLET
Bouquet (le) à ma mère	ET. DUCRET	ET. DUCRET
Bouton de rose, tu seras plus heureux que	PRADHER	Mme BOURDIC
Brigitte la fleurie. — Ronde enfantine. . . .	Anonyme	Anonyme
Buveur (le) latiniste.	—	PANARD
Buvons! — Air: Ah! le bel oiseau, maman!	—	MOREL
Buvons, mes chers amis, buvons!	LULLI	MOLIÈRE
C		
Cadet Rousselle est bon enfant.	Anonyme	Anonyme
Ça fait toujours plaisir.	PROPIAC	—
Canne (la) de st Pierre. — Légende populaire.	Anonyme	Anonyme
Ça n' se peut pas. — Un jour Lucas, etc. . .	DUMINIL	DUMINIL
Cécilia. — Mon père n'avait d'enfant que moi.	Anonyme	Anonyme
Ce mouchoir, belle Raimonde.	DUMINIL	—
C'en est fait: je succombe, ô fortune inhumaine.	ALBANÈSE	FLORIAN
Ce que je désire et ce que j'aime.	—	SÉGUR aîné
Ce qui plait aux dames.	PHILIDOR	BOUFFLERS
Ce qu'on voit et ce qu'on ne voit guère. . . .	Anonyme	PANARD
C'est bien à tort...	GRÉTRY	Colinette
C'est dans la ville de Bordeaux.	Anonyme	Anonyme
C'est ici que Rose respire.	MONSIGNY	Rose et Colas

TITRES DES CHANSONS, TIMBRES DES AIRS.	MUSIQUE DE	PIÈCES, AUTEURS.
C'est la façon de faire qui fait tout.	Anonyme	Anonyme
C'est l'amour qui fait le monde à la ronde .	CONSTANTIN	D'ARTOIS
C'est le bieau Thomas qu'est l'passeux. . . .	PROPIAC	Cadichon
C'est par la messagerie. — Air : Ronde de Metz.	Anonyme	RABUTIN
C'est toujours la même chose. — Ballet Pierrots.	—	ANTIGNAC
C'est un enfant, c'est un enfant.	ROUSSEAU	Devin
Cette fleur qui fut l'amante de l'Astre. . . .	MOURET	Triomp. Sens
Cet étang, qui s'étend. — Menuet d'Exaudet.	PHILIDOR	FAVART
Chacun avec moi l'avoûra.	DALAYRAC	Philippe
Chacun le sien n'est pas de trop.	Anonyme	PANARD
Chacun soupire.	GRÉTRY	Panurge
Chaque chose a son temps.	CHAMPEIN	BEAUNOIR
Chanson (la) de la mariée. — Ronde.	Anonyme	Anonyme
Chanson (la) des rues. — Tirlitaine !	—	PANARD
Chansonniers, mes confrères.	GILLIER	Anonyme
Chanson (la) des quenouilles.	Anonyme	—
Chanter, aimer et boire.	—	GALLET
Chantons deux époux.	GRÉTRY	Lucile
Chantons CŒTAMINI.	Anonyme	Latteignant
Charbonnier est maître chez lui.	MONSIGNY	Arsène
Charmante Gabrielle, percé de mille dards .	DU CAUROY	HENRI IV
Chevalier (le) du Guet. — Qu'est-c' qui passe	Anonyme	Anonyme
CHŒURS {d'Athalie. d'Esther.} Musique célèbre (1690).	MOREAU	RACINE
Chose (la) impossible.	Anonyme	PANARD
Ciel (le), mes sœurs.	DEVIENNE	PIIS
Cigale (la) et la Fourmi.	ET. DUCRET	ET. DUCRET
Cinq (les) Sens. — C'est par les yeux, etc. .	JUDIN	LEFEBVRE
Cinquantaine (la).	DELLAMARIA	GALLET
Clarette. — Sur Clarisse, notre amie.	Anonyme	Anonyme
Cloches (les). — Alleluia.	—	PIIS
Cloches (les) du monastère.	GATAYES	Anonyme
Cœurs (les). — Voyez là-bas ces enfants, etc.	Anonyme	BOUFFLERS
Cœurs sensibles, cœurs fidèles.	PAISIELLO	Le Barbier
Colas, Colas, sois-moi fidèle.	JUDIN	Anonyme
Colinette au bois s'en alla, la tradéridéra. .	C. JACQUES	C. JACQUES
Colin voulut à Périnette.	SALIERI	Tarare
Combien j'ai douce souvenance !	Anonyme	Chateaubriand
Combien vendez-vous vos oignons ? — Ronde.	—	Anonyme
Comédie (la) et la Parodie.	—	PANARD
Commencement (le), le milieu, la fin	SALIERI	Tarare
Comment Colin sait-il ?	Anonyme	MARMONTEL
Comment goûter quelque repos ?	DALAYRAC	Renand d'Ast
Comme un enfant.	PICCINNI	Le Dormeur
Compagnons de la marjolaine. — Ronde flam.	Anonyme	Anonyme
Compère qu'as-tu vu ? (Les Menteurs) — Ronde.	—	—
Complainte (la) de st Louis. — Un jour, etc.	—	—
Comte (le) Ory.	—	—
Confiteor (le). — Mon père, je viens devant vous.	DOCHE	Belle Dorm.
Conscrit (le) de Corbeil. — Chant populaire.	Anonyme	Anonyme

TITRES DES CHANSONS, TIMBRES DES AIRS.	MUSIQUE DE	PIÈCES, AUTEURS.
Contrat (le).	MOURET	DUFRESNY
Conservez bien la paix du cœur. . .	GAVEAUX	Le Bouffe
Contentous-nous d'une simple bouteille. . . .	MOURET	Anonyme
Couci, couci. — Dans ce village un beau berger.	DUMINIL	DUMINIL
Courtisan (le) désabusé.	CAMPRA	PANARD
Croisée (la). — D'autre nuit je réfléchissais.	LE GAT	D'ARNAUD
Culture (la). — Que la terre d'une prude. . .	Anonyme	PANARD
Curé de Pomponne. — Il m'en souviendra, etc.	—	Anonyme

D

Dame Jacinthe	Mme de Vismes	CAZOTTE
Dame Tartine. — Ronde enfantine.	Anonyme	Anonyme
Damon et Henriette, un dimanche matin. . . .	—	—
Dans ce château que Dieu confonde.	DALAYRAC	Léon
Dans ces doux asiles soyez couronnés. . . .	RAMEAU	Gal BERNARD
Dans l'asile de l'innocence.	DEVIENNE	PICARD
Dans la vigne à Claudine	CAMPRA	DUFRESNY
Dans le bois l'amoureux Myrtil avait pris, etc.	ALBANÈSE	FLORIAN
Dans le printemps de mes années.	GARAT	Anonyme
Dans le sein d'un père.	GRÉTRY	Sylvain
Dans les gardes-françaises j'avais un amoureux	Anonyme	Anonyme
Dans ma cabane obscure.	ROUSSEAU	Le Devin
Dans quel canton est l'Huronie?	GRÉTRY	Le Huron
Dans de riches appartements	CHAMPEIN	BOUFFLERS
Dans un bois solitaire et sombre.	ALBANÈSE	LA MOTTE
Dans une forêt des Ardennes	DALAYRAC	Léon
Dans une tour obscure un roi puissant languit.	GRÉTRY	Richard
Dans un verger Colinette.	AUDINOT	Le Tonnelier
Dans vos mains qu'un verre a d'attraits! . .	Anonyme	PANARD
Daphnis et Chloé. — Dans les flots argentés, etc.	ET. DUCRET	ET. DUCRET
De l'amour je reçus la loi.	HAYDN	Anonyme
De ma Céline amant modeste	LAMBERT	—
Dents (les)	JADIN	Charlemagne
Départ (le) du conscrit.	Anonyme	Anonyme
Dès que l'aurore	—	—
Descends des Cieux, dieu du verre	C. JACQUES	PANARD
Dessert (le). — On rit, on babille.	Anonyme	Anonyme
Dessur le pont de Nantes. — Vieille chanson.		
Deux Bergères pour faire usage.	ROUSSEAU	—
Dieu d'amour, en ce jour. — Marche célèbre.	GRÉTRY	—
Dieu d'Israël.	GAVEAUX	Enf. prodig.
Digne objet de mes vœux	GARAT	COUPIGNY
Diner de Madelon (le).	PORRO	Anonyme
Donne-le-moi pour nos adieux	GRÉTRY	Céphale
Doris au lever de l'aurore.	Anonyme	Anonyme
Dors, mon enfant, clos ta paupière.	GOSSEC	Rosine
Douce (la) clarté de l'aurore.	KREUTZER	Lodoïska
Doux charme de la vie.	GRÉTRY	Midas
Doux sentiment.		2 Couvents
Du calme de la nuit	STEIBELT	Rom. Juliette

TITRES DES CHANSONS,	MUSIQUE	PIÈCES,
TIMBRES DES AIRS.	DE	AUTEURS.
Duc (le) de Bourbon. — Un enfant dodu. . .	MOURET	PANARD
Du destin qui t'opprime	GRÉTRY	*Midas*
D'une fausse pitié je ne suis point séduite. .	MOSART	*Jéricho*
D'une plaintive tourterelle.	Anonyme	Anonyme
Durant l'hiver au coin de l'âtre.—*Autre temps.*	ET. DUCRET	ET. DUCRET
D'un époux chéri la tendresse.	DALAYRAC	*Adolphe*
Du rivage de Vaucluse. — Pétrarque.	ROUSSEAU	MARMONTEL
Du serin qui te fait envie	DORAT	DORAT

E

Ecole buissonnière (l'). — Ronde enfantine.	Anonyme	Anonyme
Ecoute, écoute, écoute!.	DOCHE	—
Eh! mais ne fait-il pas la mine?	PERGOLÈSE	*La Servante*
Eh! ma mère, est-ce que j' sais ça?.	C. JACQUES	D'AVALLON
Eh! quoi! déjà je vois le jour ?	Anonyme	LOUPETIÈRE
Eh! quoi! personne ici?—Babet, ouvre, etc. .	HAYDN	Anonyme
Eh! zig, eh! zig, eh! zig, eh! zog	GRÉTRY	*Richard*
Eh! zon, zon, zon, Lisette, ma Lisette. . . .	LAMBERT	Lattaignant
Elle aime à rire, elle aime à boire. — *Fanchon.*	Anonyme	Gᵃˡ LASALLE
Eloge (l') de Robin	ALBANÈSE	Beaumarchais
Encens (l') des fleurs embaume cet asile.—Air.	Anonyme	Anonyme
Enfant (l') prodigue. — Je suis enfin résolu.	—	—
En revenant de noce j'étais bien fatigué. . .	—	—
Enrhumés (les). — Maris, quand la peur. . .	—	PANARD
Entendez-vous le tambourin? vite à la danse.	—	Anonyme
Ermite, bon ermite.	DUMINIL	SEWRIN
Escouta, Jeannetto.	DALAYRAC	*Savoyards*
Eternueur (l').	Anonyme	PANARD
Et moi, de m'encourir. — Ancienne ronde enf.	—	Anonyme

F

Fagot (le). — Très-ancienne chanson. . . .	Anonyme	Anonyme
Fais dodo, Pierrot, mon p'tit frère.—Ronde. .	—	—
Faridondaine (la). — *A la façon de barbari.* .	—	—
Faut attendre avec patience.	DEZÈDE	*Fermiers*
Faut d' la vertu, pas trop n'en faut.	—	*Erreur*
Faut l'oublier, disait Colette.	ROMAGNESI	Anonyme
Femme sensible, entends-tu le ramage? . . .	MÉHUL	*Ariodant*
Femmes, voulez-vous éprouver?.	SOLIÉ	*Le Secret*
Fenotte (la). — Ronde enfantine populaire. .	Anonyme	Anonyme
Fête (la) du peuple.	CAMPRA	PANARD
Feuille (la) sèche.—*Toi que les vents ont détac.*	Anonyme	MICHAUD
Fidèle époux, franc militaire.—*L'officier, etc.*	BRUNI	PATRAT
Fiez-vous aux vains discours des hommes . .	DALAYRAC	A. DUVAL
Filant sa quenouille de laine.	Anonyme	ARAQUY
Fille (la) d'un prince. — Ronde ancienne. . .	—	Anonyme
Fille (la) du savetier.	—	TACONET
Filles du Styx, cruelles Euménides.	SACCHINI	*Œdipe*
Fils (le) des dieux, le successeur d'Hercule.	—	—
Fin (la) du monde.	PHILIDOR	DESPRÉAUX

TITRES DES CHANSONS, TIMBRES DES AIRS.	MUSIQUE DE	PIÈCES, AUTEURS.
Fleurettes (les). — *On voit encore des belles .*	PHILIDOR	FAVART
Fleurs (les). — *Air du menuet de Granval. .*	GRANVAL	PANARD
Fleuve (le) d'oubli. — *Aux soins que je prends.*	PICCINNI	De la Madelaine
Fleuve du Tage, je fuis tes bords heureux. .	POLLET	DE MEUN
Folâtrons, rions sans cesse.	LAUJON	LAUJON
Fournissez un canal au ruisseau	MONSIGNY	*Rose et Colas*
Frère Etienne. — *Le fond de la besace.*	Anonyme	Anonyme
Frère Jacques, dormez-vous? Sonnez Matines.	—	—
Fualdès (la 9ᵈᵉ complainte de). — *Écoutez, etc.*	—	CATALAN
Fuite (la) inutile. — *L'autre jour j'aperçus, etc.*	DORAT	DORAT
Fumeur (le). — *A cet emploi tranquille.* . .	Anonyme	PANARD
Furet (le) du bois joli. — Ronde enfantine.	—	Anonyme
Fuyons le triste breuvage.	—	PANARD
G		
Gai! nos outres sont pleines.	—	Anonyme
Garde (la) passe.	GRÉTRY	*Deux Avares*
Gare le pot au noir.	GILLIER	PANARD
Gaze (la).	CHARDINI	SÉGUR
Geneviève de Brabant. — Avec notice historiq.	Anonyme	Anonyme
Gentil coquelicot, mesdames. Ronde enfantine.	—	—
Gentille Annette, tu vas seulette.	FIRMIN	FIRMIN
Gentille boulangère	PHILIDOR	Duc de Nivernais
Giroflé, girofla! que t'as d' belles filles. . . .	Anonyme	Anonyme
Grand (le) Colas. — *L'autre jour, le biau Colas.*	—	DELABORDE
Grande (la) et la petite mesure.	DEZÈDE	PANARD
Grand (le) défaut. — *Je sens pour la jeune, etc.*	Anonyme	PATIN
Grandes (les) vérités. — *Oh! le bon siècle, etc.*	—	A. Charlemagne
Guérir un homme fou	MONSIGNY	*Ile sonnante*
Guilleri. — *Il était un p'tit homme.*	Anonyme	Anonyme
Guillot un jour trouva Lisette.	—	—
Guirlande (la), ...	RAMEAU	—
H		
Hélas! c'est près de vous.	PAËR	*Sargines*
Hélas! maman, c'est bien dommage.	Anonyme	Anonyme
Heureux convive (l'). — *Que l'on goûte ici, etc.*	BLAISE	Duc de Nivernais
Heureux moment! bonheur suprême!	DALAYRAC	*Camille*
Heureux philosophe (l'). — *Je n'ai pour, etc.*	Mondouville	HAGUENIER
Hirondelle (l'). — *Quand l'hirondelle, etc.* .	Anonyme	GALLET
Histoire de Manon Giroux	—	Anonyme
Histoire de la création du monde.	—	PELLEGRIN
Homme tranquille (l').	CHARDINI	PONTEAU
Humble cabane de mon père.	ALBANÈSE	BERQUIN
Hymen (l') est un lien charmant.	NICOLO	*Léonce*
I		
Ici, lorsqu'on est heureux.	GRÉTRY	*Rival confid.*
Iris, ne croyez pas qu'une flamme nouvelle. .	ROUSSEAU	Beaumarchais
Ile (l') de Cythère. — Nocturne.	GRÉTRY	Anonyme

TITRES DES CHANSONS, TIMBRES DES AIRS.	MUSIQUE DE	PIÈCES, AUTEURS.
Il est donc vrai, Lucile	DELABORDE	PLUMETEAU
Il est minuit! zéphyr léger. — Nocturne. . .	ROUSSEL	Anonyme
Il est temps, ma chère sonnette.	JADIN	Mme PERRIER
Il est vrai que Thibault mérite qu'on l'aime. .	Mme GAIL	*Deux Jaloux*
Il était là. — *Autrefois tout dans la nature.*	GARAT	Anonyme
Il était un' bergère, et ron ron ron, etc. . . .	Anonyme	—
Il était une fille d'honneur	BLAISE	*Annette*
Il était un oiseau gris comme souris.	MONSIGNY	*Rose et Colas*
Il faut des époux assortis dans les liens, etc.	DELLA MARIA	*Prisonnier*
Illustre (l') Diogène, philosophe d'Athènes. .	LALANDE	DE LA GARDE
Il n'est point d'amour sans peine (1650). . .	LAMBERT	BENSERADE
Il n'y a plus d'enfants. —*A côté d' nous, etc.*	VIMEUX	ANTIGNAC
Il pleut, bergère, rentre tes blancs moutons.	SIMON	D'ÉGLANTINE
Impromptu (l'). — *D'un impromptu un auteur.*	Anonyme	PANARD
Il y a temps pour tout. — *Faut-il qu'en, etc.*	GILLIER	—
Insomnie (l').—*Il est minuit au monastère.* .	MARMONTEL	HODDE
Ivresse (l'). — *Air : J'ons un curé patriote.* .	Anc.vaudev.	SÉGUR

J

Jadis un célèbre empereur.	GRÉTRY	*P. le Grand*
J'ai du bon tabac dans ma tabatière, j'ai, etc.	PHILIDOR	Latteignant
J'aime à te voir, cher médecin, goûter, etc. .	FAVART	PANARD
J'aime Bacchus, j'aime Manon. Air : Confiteor.	Anonyme	—
J'aimerai qui m'aime.—*Mam'selle, entrez,etc.*	—	Anonyme
J'aime Rosine à la folie.	GARAT	—
J'ai perdu mon Eurydice : rien n'égale, etc.	GLUCK	*Orphée*
J'ai vu la meunière du moulin à vent.	Anonyme	Anonyme
J'ai vu Lise hier au soir.	GUICHARD	GARNIER
Jamais nous ne verrions briller.	MARTINI	FLORIAN
J'arrive à pied de province	VIMEUX	VOITURE
Jean-de-Nivelle. — Avec notice	Anonyme	Anonyme
Jean de Vert. — *Petits enfants qui pleurera.*	A. brabançon	Anonyme
Je crains de lui parler la nuit...	GRÉTRY	*Richard*
Je jure à toute la terre.	PAISIELLO	*Tulipatan*
Je l'aimais d'un amour si tendre celle qui, etc.	ROUSSEAU	Anonyme
Je t'ai planté, je t'ai vu naître, ce beau rosier.	—	DE LEYRE
Je le tiens, ce nid de fauvette.—*ils sont, etc.*	ALBANÈSE	BERQUIN
Je loge au 4e étage, c'est là que finit l'escalier.	BOUFFET	*Mén. Garçon*
Je m'en moque comme de Colin-Tampon. . .	C. JACQUES	ANTIGNAC
Je méprisais l'amour (Tibulle et Délie)	Mlle Beaumesnil	FUZELLIER
Je m'unis à ce que j'aime, est-il un destin, etc.	DALAYRAC	*Léon*
Je n'aimais pas le tabac beaucoup.—*Diable à 4.*	SOLIÉ	SEDAINE
Je ne déserterai jamais que pour boire, etc.	MONSIGNY	*Déserteur*
Je ne veux pas me presser. — *L'amour, etc.*	Anonyme	Duc de Nivernais
Je ne vous dirai pas : « J'aime ! » votre rang, etc.	HAYDN	Cte D'ARTOIS
Je sais attacher des rubans, je sais comment.	DOURLEN	*Fr. Philippe*
Je suis Lindor, ma naissance est commune. .	DEZÈDE	*Le Barbier*
Je suis militaire : c'est un bel état !	DALAYRAC	*Maison isolée*
Je suis né natif de Ferrare. — *Air de Calpigi.* .	SALIERI	*Tarare*
Je t'aimerai tant qu'on verra l'aurore	Anonyme	Anonyme

TITRES DES CHANSONS, TIMBRES DES AIRS.	MUSIQUE DE	PIÈCES, AUTEURS.
Je t'aime tant ! Je t'aime tant !	GARAT	D'ÉGLANTINE
Je t'ai vu dans tes gros souliers. . . . . . . ,	SCHAUNE	De CHATILLON
Je te perds, fugitive espérance.	SOLIÉ	*Le Secret*
J'étions trois matelots de Groix. — Ronde. .	Anonyme	Anonyme
Je trouve une femme jolie sans en être amour.	DALAYRAC	*Gulnare*
Jeune épouse, chantez	TESSIER	*Figaro*
Jeunes amants, cueillez des fleurs.	GAVEAUX	*Amour filial*
Jeunes femmes, que je vous plains !	GRÉTRY	*Panurge*
Jeunes filles qu'on marie, que votre sort, etc.	DALAYRAC	*Adolphe*
Jeux (les). — *En jouant, la Providence.* . .	C. JACQUES	ANTIGNAC
Je vais le voir	MONSIGNY	*On ne s'avise*
Joli (le) bas de laine. — Ronde villageoise.	Anonyme	Anonyme
Jolie (la) boudeuse. — Air : *Du haut en bas.*	—	*Latteignant*
Joseph vendu par ses frères. —*Permettez, etc.*	RAMEAU	Anonyme
Jugements (les) difficiles. — *Qui des deux, etc.*	Anonyme	PANARD
Juif errant (le). — *Est-il rien sur la terre.* .	—	Anonyme
Jupiter, prête-moi ta foudre.	ALBANÈSE	Gal BERNARD
Jupiter, un jour, en fureur, ayant banni, etc.	D'AUVERGNE	SÉGUIER père

L

Laissons les amants.— Air : *Du seigneur bienf.*	FLOQUET	CHABANNE
Laissons-nous charmer du plaisir d'aimer. .	REBEL	*Pyrame*
Langueurs (les). — Célèbre nocturne, à 2 voix.	Mme GAIL	Anonyme
L'art surpasse ici la nature.	MONSIGNY	*Arsène*
Las! en mon doux printemps en fleur, etc. (1560).	D. RIZZIO	MAR. STUART
Las ! il n'a nul mal qui n'a le mal d'amour. .	LEFÈVRE	—
Las ! si j'avais pouvoir d'oublier.	Anonyme	Cte THIBAUT
Lettre (la)	BUTIGNOT	BOUFFLERS
Linval aimait Arsène. — Romance.	MARTINI	FLORIAN
Lise chantait dans la prairie	DEZÈDE	*Blaise-Babet*
Lise et Mainfroi. — Romance historique. .	LUSSE	LAPLACE
Lison dormait dans un bocage.	DEZÈDE	*Julie*
Lison revenait au village. — *La Peureuse.*	Anonyme	Anonyme
Lodoïska, ma tendre amie.	KREUTZER	*Lodoïska*
Loin de nous, ennuyeux souci !	CHARDINI	Gal BERNARD
Lois (les) de la Table. — *Point de gêne, etc.*	Anonyme	PANARD
Lorsque dans une tour obscure	DELLA MARIA	*Prisonnier*
Lorsque vous verrez un amant.	SOLIÉ	*Le Jockey*
Loups (les) ne se mangent pas entre eux. . . .	DOCHE	ANTIGNAC
Lucrèce et Tarquin ou *C'est trop fort.* . . .	Anonyme	DESPRÉAUX

M

Ma barque légère portait mes filets.	GRÉTRY	*La Rosière*
Ma Fanchette est charmante	Mme GAIL	*Deux Jaloux*
Ma femme et mon chien. — *J'aime et je, etc.*	MONSIGNY	SÉGUR
Ma femme est morte. — Paysannerie. . . .	Anonyme	Anonyme
Malbrough s'en va-t-en guerre, mironton. . .	—	—
Malgré la bataille. — *Les adieux de Latulipe.*	—	MANGENOT
Ma mère, mariez-nous. — Air : *Souvenez-vous.*	MOREAU	*Ecosseuses*
Ma mie, ma douce amie.	JADIN	*Latteignant*

TITRES DES CHANSONS, TIMBRES DES AIRS.	MUSIQUE DE	PIÈCES, AUTEURS.
Ma morale. — Rions, chantons, aimons, buvons.	DALAYRAC	SÉGUR
Manon de Nivelle. — Histoire drolatique. .	Anonyme	Anonyme
Ma philosophie. — Bon vin, que ton pouvoir.	DUFRESNY	DUFRESNY
Ma philosophie. — A quoi bon former, etc. .	LE GAT	Duc de Nivernais
Marchand (le) de chansons. — Vous qui, etc.	D'ORVILLE	FAVART
Margoton et son âne. — Ronde auvergnate.	Anonyme	Anonyme
Marmotte (la) en vie.	DUMINIL	DUMINIL
Mascarade (la) de Versailles.	LULLI	JODELLE
Matelot de Bordeaux. — Ronde maritime. .	Anonyme	Anonyme
Maximes (les) de la sagesse.	—	FÉNELON
Ma Zétulbé, viens régner sur mon âme. . . .	MARTINI	Anonyme
Merci, de mon fol errement (1180).	Ch. de Coucy	
Mère (la) Bontemps	PROPIAC	MADELAINE
Mère (la) Godichon.	LAMBERT	PIIS
Mère (la) Michel et son chat.	Anonyme	MAUGENOT
Merveilles (les) de l'Opéra.	DUFRESNY	PANARD
Merveille (la) sans pareille. — Chanson (1695).	Anonyme	DU CERCEAU
Mes chers enfants, unissez-vous	GAVEAUX	Amour filial
Mignonne, allons voir si la rose.	—	RONSARD.
Mistenlaire (la). — Que savez-vous faire ? .	Anonyme	Anonyme
Mode (la). — C'est la mode qui nous fait, etc.	—	
Moi, je flâne, moi, je flâne		MÉNÉTRIER
Moineau (le) de Lesbie. — Grâces, pleurez !	LE GAT	JUVIGNY
Monaco (la). — C'est l'espérance	Anonyme	CHAMPRIOU
Mon cœur soupire dès l'aurore	DALVIMARE	Anonyme
Mon cœur se recommande à vous, tout, etc. .	DE LASSUS	—
Mon coursier hors d'haleine.	Anonyme	—
Mon Dieu! quel homme, qu'il est petit ! . .	—	—
Mon honneur dit que je serais coupable . .	—	Amours d'été
Mon joli château vert. — Ronde enfantine	—	Anonyme
Mon joli laurier danse, mon joli laurier . .	—	—
Mon père, dans sa jeunesse	GRÉTRY	Méprises
Mr d' La Palisse est mort en perdant la vie	Anonyme	LA MONNOYE
Mr Dumollet. — Bon voyage, cher Dumollet	Désaugiers père	DÉSAUGIERS
Mr et Mme Denis. — Quoi! vous ne me dites rien	Anonyme	—
Mont-Parnasse (le) au cabaret	—	Anonyme
Montre (la).	GAVEAUX	Le Club
Moyen (le) de réussir. — Vous que l'on assigne	CAMPRA	PANARD
Musette. — Depuis qu'Amour m'inquiète. . .	RAMEAU	—

N

Nenni-da! — Le mari de la prude Ismène. .	Anonyme	PANARD
Ne point s'engager sur-le-champ.	LAUJON	Anonyme
Nescio vos! — Belles, si vous voulez m'entendre.	MOURET	PANARD
Ne vous affligez pas d'être dans l'esclavage.	DALAYRAC	Gulnare
Ne vous lassez jamais d'aimer.	GUINET	D'ORBEIL.
Ni jamais, ni toujours, la devise des amours.	Mlle DELLOUX	Anonyme
Non, ma reine, ne pensez pas.	MONSIGNY	Cadi dupé
Non, je ne dois plus me contraindre.	DALAYRAC	Adèle
Non, Colette n'est point trompeuse.	ROUSSEAU	Devin

TITRES DES CHANSONS, TIMBRES DES AIRS.	MUSIQUE DE	PIÈCES AUTEURS.
Non, non, Doris, ne pense pas	DUMINIL	LAVALLÉE
Notre meunier chargé d'argent s'en allait, etc.	DALAYRAC	*Camille*
Nous étions trois filles à marier	Anonyme	Anonyme
Nous n'avons qu'un temps à vivre	Mondonville	BONNEVAL
Nous n'irons plus au bois, les lauriers, etc.	Anonyme	Anonyme
Nouvelle (la) Bourbonnaise. (1768).	—	—
Nuit (la), quand je pense à Jeannette.	—	—

O

O douleur ! ô peine mortelle ! je ne puis, etc.	DALAYRAC	*Léon*
O Fontenay, qu'embellissent les roses	DOCHE	Gal BERNARD
Oh ! ma femme, qu'avez-vous fait ?	GRÉTRY	*Lucile*
O ma patrie, ô fortuné rivage !	SACCHINI	*Evelina*
O ma tendre musette, musette mes amours. .	MONSIGNY	LAHARPE
O mon Dieu, je vous supplie.	GRÉTRY	*D'Albert*
On compterait les diamants.	Anonyme	Anonyme
On dit qu'à quinze ans on plaît, on aime. . .	GRÉTRY	*Lucile*
On dit que le grave Apollon.	Anonyme	PATIN
On dit (les) sur Thémire.—Vous voulez savoir ?	BLAISE	BOUFFLERS
On maria un avocat : saute, l'avocat de paille !	Anonyme	Anonyme
On ne rit plus, on ne boit guère.		GALLET
On n'est pas pendu pour ça.	C. JACQUES	ANTIGNAC
O Nuit, déesse.	PICCINNI	*Faux Lord*
On vous en souhaite, des galants.	GILLIER	PANARD
Orage (l'). — Lise, entends-tu l'orage ? . . .	ALBANÈSE	COLARDEAU
Ordre (l') du jour.—Quand l'ordre du jour. . .	Anonyme	ANTIGNAC
Ores que l'ai sous ma loi	ROUSSEAU	FRANÇOIS Ier
O Richard, ô mon roi, l'univers t'abandonne. .	GRÉTRY	*Richard*
Original (l') et la copie. — C'est un original.	MOURET	PANARD
O toi dont ma mémoire a conservé les traits. .	DEVIENNE	Anonyme
O toi qui n'eus jamais dû naître.	—	BOUFFLERS
O triste départir de moi tant regretté ! . . .	FRANÇOIS Ier	FRANÇOIS Ier
Où est la Marguerite ? Oh gai ! franc cavalier.	Anonyme	Anonyme
Oui, ceci est fait ; je me marie !	DELLA MARIA	*Prisonnier*
Oui, la conquête est brillante, triomphez, etc.	GRÉTRY	*Colinette*
Où peut-on être mieux qu'au sein de sa famille.		*Lucile*
O vous que j'aime	PAISIELLO	*Le Barbier*

P

Paille (la).— Sur tout on a fait des chansons.	DESARGUS	SERVIÈRE
Pan pan (le) bachique : Lorsque le champagne.	DOCHE	DÉSAUGIE
Pan ! pan ! qu'est-c' qu'est là ? c'est Polichinelle.	Anonyme	Anonym
Pardonnez, belle Clémentine.	GRÉTRY	*Magnifiqu*
Par un beau jour, la jeune Annette.	DEZÈDE	*Cécile*
Pauvre d'atours, riche d'attraits.	PAISIELLO	*Tulipata*
Pauvre Jacques, quand j'étais près de toi. .	DIRDIN	Mse de Trava
Pavane (année 1579).—Belle, qui tiens ma vie.	Anonyme	Anonym
Pêche (la) des moules.—Je ne veux plus aller.		
Petit bonhomme vit encore !	WICHT	ANTIGNA
Petite Isabelle.— Air : Nicodème dans la lune.	C. JACQUES	C. JACQU

s e r a s u i v i

PARIS. — IMP. Vᵉ P. LAROUSSE ET Cⁱᵉ, RUE NOTRE-DAME-DES-CHAMPS, 49

20c. — THÉATRE — 20c.

CHEZ TOUS LES LIBRAIRES

200 autres volumes d'ici fin présente année 1878.

20c. — THÉATRE — 20c.

Un volume chaque jour.

LES MEILLEURS ÉCRIVAINS	LES MEILLEURS MUSICIENS
Allainval (d')	Audinot
Baron — Barthe	Cambert
Beaumarchais	Campra
Berquin	Dalayrac
Boissy	Della-Maria
Boursault	Dezède
Brueys	Duni
Carmontelle	Gluck, — Piccinni
Champfort	Grétry
Collin d'Harleville	Lulli
Dancourt — Desforges	Martini
Destouches	Méhul
Dufresny	Mondonville
Fabre d'Églantine	Monsigny
Florian	Mozart
Favart — Gresset	Paisiello
La Fontaine	Pergolèse
Marivaux	Philidor
Molière	Rameau
Montfleury	Rousseau
Regnard	Sacchini
Scarron	etc., etc., etc.,
Les Gauthier-Garguille Jodelle, — Tabarin, etc.	10,000 pages DE MUSIQUE
Théâtre Forain 4,000 couplets avec MUSIQUE	et accompagnements de PIANO

PARIS. — IMP. Vᵛᵉ P. LAROUSSE ET Cⁱᵉ, RUE N.-D.-DES-CHAMPS, 49.

www.ingramcontent.com/pod-product-compliance
Lightning Source LLC
Chambersburg PA
CBHW070131100426
42744CB00009B/1796